战略与经济研究书系
总主编　陈　波

中 国 财 政 发 展 协 同 创 新 中 心 2014 年 重 大 协 同 创 新 任 务

"应对重大国家安全挑战背景下国防经费与国防经济系列理论与现实问题研究"支持项目

中国财政发展协同创新中心应对重大国家安全挑战的国防财政经济能力建设研究团队成果

中央财经大学国防经济与管理研究院双一流和特色发展引导专项学科建设项目

中国社会经济系统分析研究会国家安全战略与国防经济研究专业委员会研究成果

战略与经济研究书系
STUDIES OF STRATEGY & ECONOMY　安全经济

Routledge
Taylor & Francis Group

政府在国防工业中的三重角色

消费者、资助者与规制者

THE DEFENCE INDUSTRIAL TRIPTYCH

GOVERNMENT AS CUSTOMER,
SPONSOR AND REGULATOR

〔英〕亨里克·海德坎普　约翰·劳斯　特雷弗·泰勒　著
（Henrik Heidenkamp）　（John Louth）　（Trevor Taylor）

郝朝艳　陈　波　主译
石金武　余冬平　审校

社会科学文献出版社
SOCIAL SCIENCES ACADEMIC PRESS (CHINA)

译　　者

主　译

郝朝艳（中央财经大学国防经济与管理研究院、中国财政发展协同创
新中心）

陈　波（中央财经大学国防经济与管理研究院、中国财政发展协同创
新中心、中国社会经济系统分析研究会国家安全战略与国防经
济研究专业委员会）

参　译

刘建伟（中央财经大学国防经济与管理研究院）

池志培（中央财经大学国防经济与管理研究院）

程曼莉（中央财经大学国防经济与管理研究院）

石浩秀（中央财经大学国防经济与管理研究院）

侯其方（中央财经大学国防经济与管理研究院）

朱世冬（中央财经大学国防经济与管理研究院）

马亮尧（中央财经大学国防经济与管理研究院

陈建华（中央财经大学国防经济与管理研究院）

胡大淼（中国社会经济系统分析研究会国家安全战略与国防经济研究
专业委员会）

审　校

石金武（中国社会经济系统分析研究会国家安全战略与国防经济研究
专业委员会）

余冬平（中央财经大学国防经济与管理研究院、中国财政发展协同创
新中心）

总　序

随着中美战略与经济对话、中印战略经济对话会等的屡屡开启，战略与经济字眼越来越多地进入人们的视野。

本质上，战略与经济涉及国家、双边、地区和全球的安全与经济等多重议题。宏观上，安全与经济密不可分，经济是安全的基础，安全是经济的基本保障，一个冲突的社会，缺乏安全保障的国家难以有可持续的经济发展；相反，没有强大的经济支撑，安全终究也是"无源之水"。微观上，从安全预算到战略规划、从防务产业到安全提供、从防务费用到安全能力、从恐怖动因到经济制裁等诸多方面也都有安全与经济的层层交叠……

为全面、准确反映国际社会战略、安全与经济这一交叉领域最新认知与研究成果，也为了系统反映和加强我国在此领域的认识和研究，我们组织出版了这套"战略与经济研究书系"，此书系初步设计包含战略安全、战略规划、战略评估、安全经济等子系列，每个子系列里交叉含专著、译著、研究报告等，我们期望通过本书系的出版，大大推进我国在此领域的研究水平和国际对话能力……

是为序。

陈　波
中央财经大学
国防经济与管理研究院
二〇一六年六月

前　言

　　国防工业是为国家防务和安全做出贡献的商业部门，它与政府之间的关系对公民的安全与保护至关重要。这种关系也体现了现代国家的外交政策立场以及在世界上的存在感。然而，尽管这一问题非常重要，但鲜有文献缜密、极具洞察力的考察和分析。或许正因如此，与国防工业有关的政府政策（如果它们确实存在的话）经常多少显得矫揉造作、缺乏考虑、前后矛盾就毫不令人称奇了。

　　这篇白厅报告（Whitehall Paper）力图系统阐述将政府与其国防工业基础连在一起的种种关系的主要构成和形成原因。正值英国制定下一份战略防务与安全评估（Strategic Defence and Security Review）报告之时，这是一项雄心勃勃的研究，而且也格外重要。通过以英国、美国和德国的特定视角观察这一议题，作者总结了很多难以理出头绪的观点、经验和结论，这不仅有益于政策制定者及国防工业中的实业家，更重要的是，它使纳税人知道了如果"民主武器库"健康并正常运转时，他们应该要求政治家和实业家做些什么。

　　近年来，皇家联合军种防务与安全研究所（Royal United Services Institute for Defence and Security Studies，RUSI）在防务、产业和社会项目（Defence，Industries and Society Programme）下业已出版了一系列重要的研究论文，但有些并未受到政府或某些企业管理者的欢迎。然而，很明显，理解工业部门对防务和国家安全作用的研究，并非仅在政策上势在必行，它更是在一个不确定与危险并存的世界中可能关乎国家生存的重要议题。实际上，作者表明，英国在阿富汗前线45%的工作是由私人部门员工与他们的军方同事合作提供的。毫无疑问，没有一个繁荣的国防工业，英国在21世纪的军事承诺和行动（并且事实上，那些许多与其他西方国家的联合行动）将无法成为现实。

2   海德坎普（Heidenkamp）博士、劳斯（Louth）博士和泰勒（Taylor）教授多年来细致、深入、全面地研究了这一议题。在我看来，这本涉猎广泛的著作对我们理解国防、国家安全及其相互关系，以及国防经济在新千年面临的挑战是一项重大贡献。

下议院防务特别委员会主席

国会议员詹姆斯·阿巴斯诺特（James Arbuthnot）

2013 年 11 月

目　录

第一章　引言

　　国防工业依然主要被视为国家兵工厂的一部分：它是商品、服务、专有技术和人力的资源库，发生冲突时即可投入军事用途。[①] 事实上，包括英国宇航系统公司、洛克希德·马丁（Lockheed Martin）、雷声（Raytheon）和奎奈蒂克（QinetiQ）在内的公司为军队提供了军事行动所使用的商品与服务，未来很多年也是如此。然而，现今的公司并非仅是军事供应链的组成部分。例如，在英国，来自私人部门的承包商承担了国家海外军事活动的45%。[②] 在阿富汗，在军事行动达到高峰的2010年，67家公司雇用的近5000名员工被部署在了前线，直接为英国的军事行动提供支持。[③] 工业部门并不只是民主的兵工厂，它还是民主的军事行动伙伴，这意味着当今很大一部分军事能力实际上蕴藏于工业基础之中。因此，理解政府与国防工业的关系成为提供国家安全的关键政策议题。

　　这篇白厅报告（Whitehall Paper）论述了英国、德国和美国这三个国家的政府如何对待各自国家的国防工业，并从三个维度进行了讨论：政府

[①] 例如，参见 Trevor Taylor and Keith Hayward, *The UK Defence Industrial Base: Development and Future Policy Options*（London: Brassey's for RUSI, 1989）; Jacques S Gansler, *Democracy's Arsenal: Creating a Twenty-First-Century Defense Industry*（Cambridge, MA: MIT Press, 2011）。

[②] John Louth, "The Defence Industrial Knowledge Base: The Core Capability?", *RUSI Defence Systems*（Vol. 15, No. 1, August 2012）, pp. 42 – 43.

[③] Henrik Heidenkamp, "Sustaining the UK's Defence Effort: Contractor Support to Operations Market Dynamics", *RUSI Whitehall Report* 2 – 12（April 2012）.

作为国防工业的消费者、资助者和规制者。这些国家是北约拥有最高国防预算的三个国家，被视为范例，因此来自它们的经验和洞见或许能运用于其他国家。特别是，作者们发现同样的政府部门——国防部，在所有这三个方面都占据主导地位，并为每个方面提供了有效定义。

政府作为消费者

4

> **资料1**
>
> ## "埃拉米"行动：工业界获得好评
>
> "20 家英国及海外防务公司得到了英国国防部负责国防装备、支持与技术（Minister for Defence Equipment，Support and Technology）的部长彼得·勒夫（Peter Luff）的祝贺，表扬他们为'埃拉米'行动成功所做的贡献。'埃拉米'行动是英国为支持联合国授权对利比亚采取联合军事行动而进行的"。
>
> 资料来源：英国国防部国防装备与保障组织（Defence Equipment and Support Organization）的杂志，*Desider*（2012 年 1 月），第 8 页。

显然，政府从国防工业部门购买商品和服务，从这个角度讲，政府，或更确切地说，它的武装力量是这个经济领域中的消费者。企业提供特殊的军事装备，例如火炮或军舰，本国政府可能是这些产品的唯一消费者，而且无论在任何情况下很可能是最重要的消费者，因为未经本国政府批准，其他国家政府是不可能购买这些产品的。

消费者与外部供给者所有关系中的重要方面之一是需求模式及其可预测性。在宏观层面上，北约国家的国防预算没有增长，且以实际值计算甚至在下降，这一趋势在可预见的未来（未来三到四年中）似乎不大可能逆转。同时，对防务领域的某些特别方面的需求又在增加，例如本届政府似乎准备在网络防御（以及或许甚至是攻击型网络能力）上投入更多。^① 当然，透明性是必要的，因为消费者表达出的未来需求意向有助于潜在供应商以有益于消费者的方式形成他们的投资和研究计划。

政府愿意在多大程度上公开他们未来的国防支出计划，这在不同政府之间存在着相当大的差异。澳大利亚政府在这一方面尤为公开，它发布了《国防能力规划》（*Defence Capability Plans*）（以下简称《能力规划》），旨在提升供应商对未来需求情况的信心。^② 英国政府正努力遵循相似的模式，但到目前为止，英国与之类似的《国防装备规划》（*Defence Equipment Plan*）的细节并未以任何有助益的详细程度提供给潜在供应商。^③ 此外，澳大利亚的《能力规划》尚不稳定，受到国防预算削减的影响很大，这意味着这些计划并不一定可以确保更大程度的可预测性。正如在后续章节中所显示的那样，德国和美国秉持的对供应商公开的理念是完全不同的。然而无可置疑的是，政府作为"消费者"的观念对工业部门与国家关系而言依然是极为重要的。

政府作为资助者

在作为国防工业消费者的同时，政府常常扮演着资助者的角色，帮助企业生存与成功。即使是在自由市场社会中，政府显然会为整个私人部门提供某些指引，这不只是通过基础设施投资，提供教育机会，给予国家研究资金，对公司的研究和发展支出予以税收优惠等。

---

① Robert H Scales, Jr, *Future Warfare* (Carlisle, PA: US Army War College, 1999).
② Australian Department of Defence, "Defence Capability Plan 2012: Public Version", 2012 年 5 月, http://www. defence. gov. au/publications/capabilityplan2012. pdf, 2013 年 10 月 7 日访问。
③ UK Ministry of Defence, "The Defence Equipment Plan 2012", 2013 年 1 月, https://www. gov. uk/government/uploads/system/uploads/attachment_ data/file/70258/Defence_ Equipment_ Plan_2012_20130130. pdf, 2013 年 10 月 7 日访问。

> **资料2**
>
> ### 互惠互利的政府资助
>
> "众所周知，市场存在缺陷，它不可能提供类似于国防这样的部门所需要的全部研发……大西洋两岸的国家完全认可在符合各国共同利益的条件下，政府提供大量资金，而且这会使由政府促成的国际合作研究项目实施成为可能。"
>
> 资料来源：Alastair Cameron（ed.），"Defence Research and Development in the Atlantic Nations"，RUSI Occasional Paper，2007，p. 1。

政府还会经常提供关于国外市场的信息，支持在各个地区的促销活动。美国商务部（Department of Commerce）在多个美国大使馆派驻工作人员，而英国外交部（UK Foreign Office）认为提升国家经济利益是其使命的一个重要组成部分。然而在防务领域，通常特别强调通过采办选择中的国家偏好、研究和发展资金和支持出口的做法来资助工业部门。正如本篇白厅报告所考察的各个国家情况所示，国防工业受到了政府的特殊对待，正是因为政府认为这些部门具有特殊重要意义。

政府作为规制者

> **资料3**
>
> ### 英国宇航系统公司（BAE）与欧洲宇航防务集团（EADS）的并购：空中客车（Airbus）眼中"错失的机会"
>
> "本月初，在德国总理安吉拉·默克尔（Angela Merkel）个人干预以阻止交易之后，英国宇航系统公司与欧洲宇航防务集团被迫放弃了价值300亿英镑的并购谈判"。
>
> 资料来源：Angela Monaghan，*Daily Telegraph*，23 October 2012。

第三个方面往往被忽略，即政府控制防务企业，这包括国内和国 6
际规制。政府并非仅仅购买并资助防务企业：他们还通过立法、规制
及政策力图约束企业行为。尤其重要的是决定可以雇用谁就任敏感职
位的政策和程序、信息控制〔例如，英国的《国家保密法》（*Official
Secrets Act*）〕、出口控制〔例如，《出口控制法案》（*Export Control
Act*）〕以及对更广泛企业行为的控制〔例如，《反贿赂法》（*Bribery
Act*）〕。作者还指出，企业所有权或对股东权力的限制也是政府规制
的重要领域。

争论的重要性

乍看上去，作者自我定义的国防工业中政府的这三种角色可能显
得非常枯燥，是只有专家才会感兴趣的技术领域。然而，在这里我们
认为，它们应当被视为与政治高度相关、对国家与联合军事能力极为
重要的问题。

本书部分地讨论了国防工业来自政治和管理方面相互矛盾的压
力：政治上存在压力是因为主权国家占据核心地位已超过了 500 年，
管理上存在压力是因为国防工业必须关注效率和效益、规模经济和市
场机会。本书考察了当前的做法、发生变化的领域以及政府与企业面
临的两难境地。

专业防务部门及其市场结构

定义国防部门的特征并不容易，因为军队需要各种各样的商品和
服务，其中许多（例如柴油燃料、服装和设备维护）本质上具备民用
或军民两用特点。作者在这里关注的范围更为有限，聚焦于专门为防

务开发的系统和服务，特别是空中、海上和陆地平台，监视和通信系统，以及武器和弹药，它们是军事能力的核心要素。这也正是花费了大部分资金以及大多数问题出现的领域。

这一领域的市场结构与其他领域的非常不同，与形成主流经济理论的完美市场特征相去甚远。在防务领域，往往是单一政府（消费者）制定军事需求，因此决定了将要开发和生产什么。政府一般不得不承担绝大部分甚至全部的开发成本。这与大部分其他市场显然不同，在其他市场中，公司在考虑创新与产品开发时必须评估可能的需求，尽管市场调研会有所帮助，但仍存在巨大的风险。防务领域中确实存在自主创新，但由于所涉及的时间进度、成本和风险，这是极为特殊的。

自第二次世界大战结束以来，专业防务部门的主要趋势是供应商日益集中，以一国之内的合并尤为明显，这使时至今日即使如英国或法国这样的世界主要国家在一个部门中仅有一到两家本国供应商。即使是目前仍掌控着全世界最多国防预算的美国国防部（Department of Defence），就挑选弹道导弹、潜艇、坦克、战斗机和其他军事物资供应商而言，其选择也是非常有限的。由于这些企业必须向其本国政府出售产品才会有更多机会销售给第三方，防务领域的政府—工业部门关系往往涉及唯一的购买者与寡头垄断者就尚不存在且涉及巨大技术和资金风险的复杂产品商讨其成本、交付日期和性能。一些先进的防务项目，尤其是在其早期阶段，通常存在着"不确定性"，即存在无法预见或量化的风险。如何定义这种不确定性，如何在工业界与政府监管者之间管理这种不确定性，影响着大多数国家关于国防采办及其改革的争论。

表 1 报告了英国国防部（Ministry of Defence）所做的一项研究，给出了英国护卫舰不断增长的成本数据。尽管第一艘舰艇开始服役时不带有任何火力控制系统，但 23 型的设计却体现了要控制成本上升

趋势的决心。

表 2 提供了有关英国战斗机的类似信息，随着速度和射程的提高其成本也一再上涨。

表 1 英国护卫舰（1956～1989 年）

类型	最早服役时间	单位成本（百万英镑，2009 年价格）
14 型	1956 年	33
12 型	1957 年	62
12M 型	1957 年	71
81 型	1959 年	94
利安德级（Lender）	1961 年	81
21 型	1972 年	192
22 型	1976 年	413
23 型	1989 年	183

资料来源：Davies, Eager, Maier and Penfold, "Intergenerational Equipment Cost Escalation", *Defence Economic Research Paper*, 18 December 2012, p. 12。

表 2 英国战斗机

型号	服役时间	速度（每小时英里数）	射程（英里）	单位成本（百万英镑，2009 年价格）
猎人（Hunter）	1955 年	715	1130	4.29
闪电（Lightning）	1960 年	1049	1148	4.55
鹞式（Harrier）	1968 年	843	2073	8.66
狂风（Tornado）	1979 年	854	1207	29.59
台风（Typhoon）	2006 年	1550	1801	66.54

资料来源：Davies, Eager, Maier and Penfold, "Intergenerational Equipment Cost Escalation"。

表 3 汇总了多项研究结果，表明不同种类的装备之间并没有一致趋势，更不要说存在以实际价值表示的单位成本逐年不断增加的明确势头了，但成本增长确实高于北约国家国防预算的平均增长水平。 8

在竞争研究与开发项目中失利的公司通常会决定通过出售或关闭相关业务离开这个行业。例如，亨廷工程公司（Hunting Engineering）在竞争运营原子武器机构（Atomic Weapons Establishment）的合同时输给洛克希德·马丁（Lockheed Martin）和信佳集团（Serco）后，就离开了防务部门。[①]

表3　全代际成本增长的简单单位—时间趋势模型

项目	实际年均成本增长率（％）	时间跨度
通用海上平台	2.6	—
驱逐舰	4.3	1962~2011 年
护卫舰	2.9	1956~2000 年
通用型潜艇	3.8	—
航空母舰	5.8	1955~2011 年
战斗机	5.9	1955~2008 年
主战坦克	3.4	1963~1994 年

资料来源：Davies, Eager, Maier and Penfold, "Intergenerational Equipment Cost Escalation"。

大多数国防工业部门的另一个核心特征是由于资金、技术和知识导致的高进入壁垒。因此，离开这个行业的老企业通常并未被新进入者所代替。美国企业通用原子能公司（General Atomics）则是一个例外，它率先开发了大型无人驾驶飞机（unmanned aerial vehicles, UAV），是掠夺者（Predator）和收割者（Reaper）系统的生产商。一般来说，制造现代军舰、战斗机、灵巧导弹（smart missiles）甚或装甲车辆的能力受到大量因素的影响，试图进入这一领域的公司和国家，例如中

---

① Air Force Research Institute, *Deterrence in the Twenty-First Century* (Maxwell AFB, AL: Air Force Research Institute, 2009). 这一研究最早发布于 2009 年 5 月 18 日至 19 日在伦敦举办的、由空军研究所（Air Force Research Institute）和伦敦国王学院（King's College London）联合资助的皇家联合军种研究所（RUSI）会议的论文集中。

国、印度甚至日本，在发展过程中付出了巨大代价，因此通常发展得 9
比预期的要慢一些。例如，相比进入防务部门而言，韩国已能够非常
快速地进军世界汽车和电子消费品领域，而它试图进入战斗机市场仍
步伐滞后、预算超支且远未实现。

冷战结束的影响

防务领域的工业合并是一部已持续了七十多年的传奇。然而，自
冷战结束后，又发生了两个更深层次的根本变化，这对政府与国防工
业关系产生了深刻且或许相互矛盾的影响。

跨国防务公司日益涌现

第一个变化是防务企业跨越国境合并形成了跨国防务公司，在一
个以上的国家中进行开发、生产和保障活动。国家国防预算和市场增
长乏力部分地推动了这种变化。事实上，世界前十一大防务公司中的
八家都具备这种特点（见表4）。美国防务公司已在英国进行了投资
以便更容易地获取英国市场。类似地，许多欧洲企业意识到如果它 10
们要从美国国防部获取合同，就需要投资于美国的设施设备。英国
企业［英国宇航系统公司、劳斯莱斯（Rolls-Royce）、科巴姆公司
（Cobham）、奎奈蒂克和美捷特（Meggitt）］在这方面最为成功，并已
获准在美国进行大量投资。其他的欧洲投资者包括芬梅卡尼卡
（Finmeccanica，一家意大利大型企业），它于2009年成功购买了DRS
技术公司（Diagnostic-Retrieval System），还有欧洲宇航防务集团
（European Aeronautic Defence and Space Company，EADS），一家跨越
欧洲大陆的跨国公司，通过成功出售直升机以及参与美国空军坦克合
同的竞争投标，已在美国市场站稳脚跟。泰利斯（Thales）作为一家
部分国有的法国企业，由于被认为其公司战略会受到法国政府的影

响，在获取美国市场认可方面遇到了更大困难。

在欧洲的竞技场上，泰利斯、芬梅卡尼卡和欧洲宇航防务集团已在英国进行了大范围投资。虽然更广泛的国防工业部门并未避免跨国公司日益占据主导地位的情况，法国和德国还是抵制了外资进入其陆军和海军的防务部门。但在航空领域，欧洲宇航防务集团和导弹开发商欧洲导弹集团（MBDA）作为智能武器和空中及太空平台的主要开发者已分别进入了这两个国家。

表4 2012年主要防务公司

2012年排名	公司	2012年防务收入	2011年防务收入	变化率（%）	2012年总收入	防务活动占比（%）	所属国家
1	洛克希德·马丁	44883	43978	2.1	47182	95.1	美国
2	波音	31378	30700	2.2	81698	38.4	美国
3	英国宇航系统公司	26813	29130	−8.0	28255	94.9	英国
4	雷声	22705	23056	−1.5	24414	93.0	美国
5	通用动力	21203	23491	−10.5	31513	66.7	美国
6	诺斯罗普·格鲁曼	20600	21400	−3.7	25218	81.7	美国
7	欧洲宇航防务集团	14913	16093	−7.3	72637	20.5	荷兰
8	芬梅卡尼卡	12529	14585	−14.1	22136	56.6	意大利
9	联合技术	12117	11000	10.2	57700	21.0	美国
10	L−3通信	10839	12521	−13.4	13146	82.5	美国
11	泰利斯	9213	9493	−2.9	18256	50.5	法国

资料来源：给出的所有收入以百万美元表示。节选自《防务新闻》（*Defense News*）（近似值），http://special. defensenews. com/top − 100/charts/rank_2013. php?c = FEAands = T1C，2013 年 10 月 7 日访问。

只有在获得了外部资本即将进入的国家的政府同意之后，才能进行跨国防务并购，从某种程度上讲，有关防务领域的政府立场一般会影响对外国投资的态度。带有最为明显驱动力的案例出现在欧洲，

1998 年，法国、德国和英国的政府首脑意识到欧洲航空和防务电子企业需要跨国重组，以便与大型且基本是美国本土企业的公司进行更好的竞争与合作。① 尽管达成了协议，而且欧洲宇航防务集团和欧洲导弹集团是两个重要的特殊情况，但非常清楚的是英国比法国或德国在防务领域对外国投资更开放。美国鼓励英国，且在较小程度上鼓励其他外国资本投入美国防务部门，这显然是因为政府当局希望为在美国运营的企业保留竞争空间。然而，正如有关资助和规制章节（分别为第三章和第五章）所清晰表明的那样，这只有在外国企业特别在有关技术出口方面受到严格控制时才会成为可能。

核威慑的减少与战略环境的变化

11

自 1990 年以来发生变化的第二个领域是高水平的军事—工业战略环境：对已知敌对国进行（核）威慑的重要性已大大降低了，而人们越来越关注的是采取突然行动且某些时候进行持续行动的能力。同时，确保本国工业基础充足且灵活机动地提供国防物资和能力是现在国家运用武装力量能力的一个重要方面。

在冷战期间，威慑是博弈的核心，尤其是对西欧国家而言，威慑所凭借的常规力量要足够强大才能避免随华沙条约组织（Warsaw Pact）的可能进攻而导致立即使用核武器，但其常规力量并没有强大到在战争爆发后一周左右，仍可以不必使用核武器。这就是北约"灵活应对"原则的本质，北约宣称它已准备好开始使用核武器。西方国家希望向莫斯科传递明确的信息，任何侵略行径都将导致使用核力量。如果北约国家常规力量的建设达到能够长期制约苏联军队的水平，这将造成巨额支出，而且表明西方国家极不愿意使用核武器，这

---

① Henrik Heidenkamp, John Louth and Trevor Taylor, "The Defence Industrial Ecosystem: Delivering Security in an Uncertain World", *RUSI Whitehall Report*, 2-11 (June 2011).

反过来将会降低威慑力。采取这种战略意味着政府没有考虑在第三次世界大战时进行工业动员，至少在西欧国家是这样。这种冲突如何进行将依赖于战争爆发时装备、弹药和零部件的储备情况。[①]

自冷战结束后，北约主要国家政府已不得不放弃了针对已知对手进行威慑的观念、某些行动方案以及对侵略做出反应的既定行动指南。现在，北约国家面对的是相机而动和不确定的战斗与行动，它们可能会突然发生，其性质和发生地点都不确定。这些行动或多或少要求对供给基础的动员能力，相当多的紧急作战需求（Urgent Operational Requirements，UORs）安排给私人部门。同 1945 年前一样，一国确保具备灵活机动的工业生产能力已再次成为部署武装力量能力的一个重要方面。在英国，这种对工业部门的依赖隐含地体现在 2002 年英国《国防工业政策》（*Defence Industrial Policy*）中，并明确地写入了 2005 年的《国防工业战略》。

显然，这一变化对英国和某些其他欧洲国家来说比对美国更重要。在冷战期间，资源压力不断地迫使英国将其防务活动越来越多地聚焦于它作为北约成员国的责任上，"防区外"军事行动能力在 20 世纪 80 年代的国防白皮书中只有较低的优先等级。英国政府确实不得不在 1982 年动员国防工业以便准备并实施重新夺取马尔维纳斯海岛（Falklands Islands）的行动，但这并没有增强政府对国防工业能力战略重要性的关注。那时国防采办政策的主旨是要让英国企业接受外部竞争，这意味着政府愿意接受弱者被淘汰的结果。

另一方面，美国一直关注大范围内爆发冲突的可能性，并经历了一场同越南的漫长常规冲突。美国深切且持续关注其国防工业基础，

---

① 每年，国际战略研究所（International Institute for Strategic Studies）的《军事力量平衡》（*The Military Balance*）会列举出它所认为的这一领域的关键变量：国家储备的系统的数量和国家国防支出规模。

这在整个冷战期间及其结束之后都十分明显。在冷战期间关于威慑和北约战略的争论中，美国最关注的是华沙条约组织在数量方面的优势应当在相当大程度上被西方的先进技术所抵消，而这需要在研究和开发方面的庞大支出。一旦威慑战略在欧洲失败，战斗应当在尽可能长的时间内局限于常规武器范围，以免美国本土遭受侵害，这也是符合美国利益的。从更广泛的、外部安全政策的视角看，特别是在尼克松主义（Nixon Doctrine）于 1969 年首次被详细阐释之后，根据这一信条，提供美国制造的武器将代替向友好国家及政权派遣美国军队，这样华盛顿需要开发和生产这些武器装备的可靠来源。对欧洲而言也是如此，国家国防工业能力的终极作用之一是它能够使武器出口成为一种对外政策工具，无论是采取销售或援助的方式。

显然，国防工业在冷战期间的欧洲也是重要的，因为本国国防预算意味着能够创造就业机会，获得来自相关员工和企业的税收收入，有时候可以获得有益的技术进步，还可以节约外汇。在考虑本国国防工业如何降低防务活动的经济压力时，我们应当记住，1990 年北约成员国国防开支占国内生产总值（GDP）的比例是 2013 年的两倍。[①]

即使在这些限制条件下，基本结论仍成立：在冷战期间，西方国家主要的防务任务是威慑华沙条约组织，并不需要动员工业部门参与战斗。在 1990 年以后，决定如何在相对短的时间内执行突然且具有风险性任务的新挑战意味着，确保拥有灵活且反应迅速的国防工业部门对政府来说特别有价值。

政府间合作与民族感情的持续性

最后，面对上涨的装备成本，政府越来越认识到欧洲各国防务活动

---

① NATO, "Financial and Economic Data Relating to NATO Defence"（《北约国防相关的财政和经济数据》），新闻发布，2012 年 4 月 13 日，http://www.nato.int/cps/en/natolive/news_85966.htm?mode=pressreleasse，2013 年 10 月 7 日访问。

存在局限性，并提供证据支持军事资源在更大程度上的融合与分享，进行国家间专业分工以及开展更多的合作项目。然而提升欧洲防务合作的制度基础是一个存在争议的领域，英国政府对欧盟委员会（European Commission）和欧洲防务局（European Defence Agency）的潜在作用是尤为警惕的，但增强欧洲国家间防务合作的普遍压力很明显。英国和法国在更大程度上协调、整合及分享国家努力方面已取得了巨大进展，他们在 2010 年秋季签署了涉及核武器，也包括常规武器的协议。①

然而，在欧洲，对大众政治的需求与对"管理"（或"实用主义"）视角的需求间的对比十分鲜明。在政治上，民族认同和独立自主的理念对绝大部分欧洲选民而言具有持续且强大的吸引力。德国拒绝支持英国宇航系统公司和欧洲宇航防务集团的合并就是这种态度的典型代表。相反，管理的观点强调单一欧洲市场的价值，实际上也需要这样的单一市场，它具有一套统一的标准和制度，在这个市场上可以避免多国货币交易的成本和风险。否则，欧洲企业如何与拥有广阔市场的企业竞争，如美国、日本和中国的企业？

因此，整体情况由三个互不相容的方面构成：对国家认同和能力的持续情感和政治偏好；对本质上是跨国经营的防务企业的管理需求以及至少在大型项目合作上对政府的管理需求；军事能力对有能力且灵活机动的军事供给的依赖。

本篇白厅报告的目的

14

展望未来是一项有风险的活动，因此本著作进行讨论的假设条件

---

① 2010 年 11 月，时任法国总统的尼古拉斯·萨科齐（Nicolas Sarkozy）和英国首相大卫·卡梅伦（David Cameron）签署了《英法兰开斯特宫条约》（*Anglo-French Lancaster House Treaties*）。这些条约覆盖了国防研究与发展的关键领域，例如无人驾驶飞机（unmanned aerial vehicles, UVAs）、卫星通信和潜艇技术，为每项联合技术开发投入的年度预算为 5000 万英镑。

必须非常明确。其中最重要的是，核威慑将不会像 1990 年之前那样卷土重来，运用武装力量的能力将继续依赖于稳定的供给基础。

未来的发展变化，主要取决于政府与国防工业关系中的关键因素。因此，本书的任务是要评估三个北约国家政府对国防工业的态度、政策和行为，探讨这些因素对本国和跨国防务企业以及对防务、经济与国家安全合作未来发展的影响。这些讨论对政府确定特定项目合作前景是重要的，对公司确定在哪里投资设立生产基地和开发设施，这些讨论也是重要的。接下来的章节将围绕一系列关键问题展开。

- 涉及"消费"、资助和规制三方面的国家政策是一致的，还是可被看作相互矛盾的？
- 政府的限制是否严重妨碍了防务企业有效益和有效率运营的能力？
- 政府对国防工业的立场是促进还是阻碍了防务协作与合作项目？
- 政府对国防工业的立场是否鼓励它投资于一些国家，而不是另外一些国家？
- 可以看出政府对国防工业的立场在朝哪些方向改变吗？
- 政府迫切希望控制（并/或资助）位于其领土范围内的防务公司向海外投资吗？
- 政府政策和行为认识到在国防工业部门跨国投资带来的影响和问题了吗？

在相关章节讨论过政府作为国防工业消费者、资助者和规制者的角色之后，作者将在结论部分再次讨论这些问题。此外，本书主要关注美国、英国和德国，因为这些国家在北约中很重要，而且它们的数据相对来说比较容易获得。这与其他西欧大国，如法国以及如中国和俄罗斯这样的大国形成了鲜明对比。但作者认为，从这三个国家汲取的经验教训对其他国家的实践是具有启发意义的。

15   在这一领域中并无铁律：原则上，更"传统的"合作项目的出现，如狂风（Tornado）和台风（Typhoon）战斗机，降低了跨国防务企业必须做强的压力。另外，跨国公司出现了，如欧洲宇航防务集团［从2014年起被称为空中客车集团（Airbus Group）］或欧洲导弹集团，有助于就这样的项目以及之后的实施达成一致。美国防务企业扩大了在欧洲的投资，能够帮助它们摆脱美国出口控制的某些制约，如果它们要在欧洲开发技术的话。相反，如果美国希望对在欧洲开发但由美国企业拥有的技术施行域外控制，这些企业就可能成为代理人，通过它们把美国的出口控制措施带到欧洲。作者只是希望对这些问题给出一些见解，而不是最终答案，但希望至少确保人们认识到这些问题的重要性。

第二章　政府作为国防工业的消费者

这一章探讨政府作为消费者角色的几个关键维度。本章明确了政府赋予防务领域工业部门的职能，概述了政府对重要国防工业部门的理解，评价了合同授予流程，考察了政府采办计划和意向的透明性，讨论了政府衡量成功的方法，探讨了军事行动对工业部门的部分依赖性。

在过去三十年中一个引人注目的现象是英国、美国和德国历届政府越来越愿意依靠私人部门来提供防务产品和服务，即政府作为消费者，而不是生产者，这些产品和服务的大部分都与国防能力相关。这种趋势已从根本上影响了防务领域中政府和工业部门之间的关系。私人部门履行的职能远远不止于提供军事装备和物资。在装备领域，它涵盖了全寿命保障的全部内容，包括维护、修理和装备升级。除此之外，私人部门还为武装力量提供各种类型的人员支持服务，包括基建、清洗衣物和提供饮食。在一些国家，工业部门还被委以防护和警戒任务。

工业部门不仅在国内提供所有这些服务，而且越来越多地以承包商保障军事行动（contractor support to operations，CSO）模式参与到所部署的军事行动中。此外，在为政府努力发展作为"智能消费者"（intelligent customer）的能力提供咨询方面，工业部门发挥了至关重要的作用。日益增加的预算压力要求在财政方面采取必要措施，战略环境提出的新军事行动要求以及私人部门参与防务事务不断变化的特点，都促使英国、美国和德国政府在过去十年间极大地发挥它们作为国防工业消费者的作用。

职能从政府转移到工业部门

英国

英国越来越依赖私人部门提供防务能力所需的大部分产品，这种趋势发展的表现之一是国有实业私有化，这一过程或是通过建立合资公司，或是通过引导现有私人企业接管政府资产来完成。在前首相撒切尔（Thatcher）夫人执政期间，英国宇航公司（British Aerospace）和劳斯莱斯（Rolls-Royce）组成了合资公司，而英国造船公司（British Shipbuilders）则拆分为多个私人所有的工厂。对国有兵工厂［皇家军械厂（Royall Ordnance）和皇家造船厂（Royal Dockyards）］的处理略有不同，前者在 1987 年通过拍卖出售给了英国宇航公司，而后者一开始就转变为国家所有、公司经营的场所，作为在奥尔德马斯顿（Aldermaston）和巴勒菲尔德（Burghfield）生产核武器的地点。只是在 1997 年之后工党执政时期，幸存下来的位于德文波特（Devonport）、朴茨茅斯（Portsmouth）和罗赛斯（Rosyth）的造船厂才完全被私有化。如今，仅存的国有国防工业公司是防务保障集团（Defence Support Group，DSG），它具备修理甚至建造装甲车辆的能力。在这个看上去有些奇怪的安排中，防务保障集团经常获得来自车辆设计权威，通常是英国宇航系统公司（BAE System，BAE）的合同。在 2013 年，预计通用动力（General Dynamics）的侦察战车（Scout fighting vehicle）将在英国由防务保障集团建造，而自 2010 年《战略防务与安全评估》（*Strategic Defence and Security Review*，SDSR）发布以后，联合政府同时也在考察将防务保障集团私有化的可能性。[①]

希望成为服务的买家而非最终商品购买者，在这方面英国政府也已做得非常出色了。他们不断努力将许多不需要相关企业进行重大资本投资的任务外包给私人部门。这些安排通常被称为公—私部门伙伴关系（public-private partnerships，PPP），而私人主动融资（private finance initiatives，PFI）需要企业投资于重要的资本资产，而这类资产在以前由英国国防部（Ministry of Defence）自己购买。

到 2010 年，国防部将会从私人部门购买各种服务，而不是自己亲自去提供使用。在几乎所有的国防部办公地点，修剪草坪、修缮房屋和准备饭菜都是通过物业管理合同雇用公司完成的。除此之外，一些训练演习也将由私人企业来设计和组织，一些训练场地也会由私人管理。还将雇用公司和高校来提供培训和教学，包括指导武器装备使用。

特别但不仅仅在基础设施项目上，国防部已成为私人主动融资的主要使用者。公司建造并运营大量建筑和其他基础设施，按月获得报酬。从军事行动需求角度看更为敏感的是，国防部对卫星通信的需求（主要）由天网 V 型（Skynet V）卫星网络满足，它是由阿斯特里姆公司（Astrium）[欧洲宇航防务集团（EADS）的一个子公司]建造并保障的地面基站。重型装备运输舰船、滚装船以及航海者（Voyager）加油机和运输机编队也由私人主动融资协议提供。私人主动融资可以被看作就几乎所有与国防能力有关的要素订立合同，而国防部只需投入最少的自有资源。截至 2010 年，国防部一年为私人主动融资支付了超过 10 亿英镑的服务费。[②] 当然，全球的普遍趋势是从主要就装备和

18

① 参见 Andrew Chuter，"Britain Inks Deal with General Dynamics for Armored Scout Vehicles"，*Defense News*，1 July 2010；Andrew Chuter，"Sale of UK Repair Company Hits Snag Over Intellectual Property Rights"，*Defense News*，29 July 2013。

② Defence Analytic Services Agency（DASA），*Defence Statistics* 2011，Table 1.3，28 September 2011. 还可参见：Ministry of Defence，*Annual Report and Accounts* 2010 – 11（London：The Stationery Office，2011），pp. 150 – 152.

零部件供给订立合同转向就全寿命保障订立合同，越来越多地采用私人主动融资就是这种趋势的一部分。

对武器装备而言，传统模式在 20 世纪 90 年代末期仍占有一席之地，就是通过与工业部门订立合同来交付完整的系统，通常包括预计在两年内所需要的一套备用零件。一旦一种武器装备进入服役期，主承包商或主承包商与子系统承包商要一起签订合同，根据需求在指定时间内交付备件。

这种合同安排至少存在三个缺陷。首先，尤其是对新系统而言，对备件的要求难以预测，这就意味着最初交付的成套装备几乎无法与所需备件相匹配。其次，承包商没有动力来提供更可靠的装备，因为他们仅通过提供备用零件就可以获利。最后，那些确实证明是可靠的武器装备如果在财年结束前为采办团队节余了资金，会造成使用这些资金购买（不必要）备件的动机，而不是失去这些资金，让它回流到国防部或财政部的核心部门去。

出于以上考虑，国防部转向了"就可获得性订立合同"，要求承包商生产指定数量的系统以在规定时间内提供使用。这类合同意味着需要激励企业在改变工程设计方面进行投资，使装备更可靠，降低企业面临的合同违约风险并减少相关工作。考虑到企业要进行成本高昂的设计和工程工作，也就是说，公司投资需要时间才能够收回，就可用性订立的合同通常要持续数年（8 年或是更长）。在 2010 年联合政府执政后，对承包商参与装备保障的重视日益增加。①

英国在巴尔干半岛、伊拉克和阿富汗旷日持久的军事行动也促使国防部更愿意成为军事战区服务的消费者，而非机构内的生产者，这些服务主要但并非仅限于为部队提供保障。举例来说，这类服务

19

---

① 参见如 B. Goodlad, "UK MoD Seeks Industry Support for Vehicles", *Jane's Defence Weekly*, 27 April 2011。

包括做饭、打扫卫生和提供私人通信、住宿及维修。20 世纪 90 年代在巴尔干地区，英国武装军队越来越依靠私人承包商，这促使常备联合司令部（Permanent Joint Headquarters，PJHQ）决定与凯洛格·布朗·路特（Kellogg，Brown & Root，KBR）公司签署后勤承包商（Contractor logistics，CONLOG）合同，该合同计划将承包商的作用寓于英国军事准备之中。

随着对承包商依赖性的日益增强，由装备制造商员工组成的小组被部署到战区以提供建议和支持。尽管英国军事部门避免使用私人保安为英国军事人员提供保护，但往往在极度危险的后勤运输及其防护任务中广泛使用了私人承包商。

安德鲁·希金森（Andrew Higginson）估计，2010 年英国的承包商保障军事行动开支约为 26 亿英镑。[1] 2010～2011 财年（该财年于 2011 年 3 月 31 日结束），英国在阿富汗和伊拉克军事行动的净追加成本达到 39 亿英镑左右（在阿富汗为 38 亿英镑，在伊拉克为 9500 万英镑），这表明以最好的方式估计，承包商保障军事行动开支至少占英国 2010 年海外行动防务维持成本的 60%。[2] 在"赫里克"行动（Operation *Herrick*）中，为英国战场提供保障的公司数量从 2008 年 7 月的 22 家（有 2030 名雇员）增加到 2010 年 7 月的 67 家（有 4867 名雇员）。[3] 根据来自美国国防部副部长帮办办公室（Office of the US Deputy Assistant Secretary of Defense）的数据（保障项目），在阿富汗

20

---

① Andrew Higginson, "Contractor Support to Operations（CSO）-Proactive or Reactive Support?", *RUSI Defence Systems*（Vol. 13, No. 2, October 2010）, p. 16.

② 参见 MoD, *Annual Report and Accounts* 2010 – 11, p. 47。

③ UK House of Commons Defence Committee, "Written Evidence from The MoD", *Operations in Afghanistan*, *Fourth Report of Session* 2010 – 12 – *Volume I*, HC 554（London：The Stationery Office, 2011）, pp. 90 – 91. 应当强调的是，作者认为这些关于承包商保障军事行动支出和人员的官方数字是保守的估计值。作者通过对承包商保障军事行动资深专家访谈发现，政府普遍欠缺提供准确、最新承包商保障军事行动数据的能力。因此，尽管存在关于承包商保障军事行动的官方数据，并且这些数据由分析家和评论家提供，体现了一般趋势，但还是应当审慎对待。

的英国承包商占据了国防部全部工作人员的 40% 左右。[①]

2012 年调整英国军队（British Army），减员至 82000 人的承诺很可能意味着英国军队在任何延长的已部署的军事行动上仍将大量使用私人部门提供服务。然而，同美国一样，如何界定哪些活动必须掌握在政府军手中仍是一个尚未解决的问题。依靠私人部门的意愿造成的累积影响是到 2012 年，国防部会将其大约 60% 的资金花费在私人部门上，因此可以说，这应当是私人部门提供必需能力的最低比例了。

十分清楚的是，在由合同严格界定的交易框架下这是不可能发生的，因为这样的框架体现了相互对立的政府—工业部门关系，它似乎激发起对竞争性合同的重视。尽管在选择承包商时一直经常使用竞争性招标，然而一旦订立了合同，国防部往往会准备好在双方互利的基础上以"合作伙伴"身份同供给方进行商洽。"与供给方的合作伙伴关系"的精确含义一直在争论中且不断演进，但可以肯定的是国防部—工业部门关系不能被看成零和的，也就是说，一些事件和行为可能对双方都有利。

国防部要逐渐转变为决策者和消费者，而非提供者，为这种转变提供合理依据的大部分基础思想来自新公共管理（New Public Management）理念，它认为，在受到适当激励和控制的情况下，私人部门通常比公共部门更有效率和效益。保守党—自由民主党联合政府似乎比其前任工党政府更坚信这些预期。在防务领域，它已开始和私人公司签订合同来管理国防部在国防基础设施组织（Defence Infrastructure Organisation）中的资产，并找到一家公司为国防商业服务组织（Defence Business Services Organisation）提供人力资源和其他机构内部职能。最具争议的是，它也开始探索通过将大部分国防装备

[①] Office of the US Deputy Assistant Secretary of Defense (Program Support), "US/UK Force Generation Analysis-Sustainment Strategies: Use of Contractors to Support Operations (Collaborative Element 6)", 9 October 2012, p. 6, http://www.acq.osd.mil/log/PS/ocs/multi-national/US-UK_CE6_final_9Oct2012.docx, 2013 年 10 月 8 日访问。

和保障（Defence Equipment and Support，DE&S）组织转变为政府所有、承包商经营的（government-owned，contractor-operated，GOCO）组织，以将其本身订立合同的过程外包出去。[①]

以法律或正式政策规定禁止将"政府本来的"职责外包出去的做法，在英国是没有的，尽管国防部已认识到这样一类职责是存在的。[②] 英国政府已准备好要将除前线军事行动以外几乎所有的活动都委托给私人部门。

美国

在美国，国防工业代表着美国总体经济很重要的一部分，但它并不是一个正规市场。这里只有一个买家，以国防部（Department of Defense，DoD）的形式出现，还有为数不多的大型供应商公司——主承包商——他们基本上垄断了防务领域中的每一个子部门。不仅如此，市场结构也是独特的，因为政府作为唯一的消费者和规制者，规划并控制着能够形成有效率、有效益且反应灵敏的市场结构的条件。[③] 这么做的目的是要满足防务领域军事行动的需要，满足纳税人对可负担性和有效性的期望，并确保在美国法律框架内军事行动取得成功。

在美国，秉持自由市场理念的经济学家倾向于设定一系列条件，使在一个市场中存在多个供给者和购买者；贸易自由进行且稀缺资源

---

① 对这种可能性的一个深入分析，参见 RUSI Acquisition Focus Group，"The Defence Materiel Strategy and the GOCO Proposal for Abbey Wood"，*RUSI Briefing Paper*，July 2012。

② 参见 Ministry of Defence，"Better Defence Acquisition：Improving How we Procure and Support Defence Equipment"，7 June 2013，p. 17，https://www. gov. uk/government/uploads/system/ uploads/attachment_ data/file/206032/20130610 _ WP _ Better _ Def _ Acquisition _ screen _ final. pdf，2013 年 10 月 15 日访问；Trevor Taylor and John Louth，"What the Government Must Do in Defence Procurement"，RUSI Briefing Paper，September 2013，http://www. rusi. org/ downloads/assets/GOCO. pdf，进行了引用和讨论，2013 年 10 月 15 日访问。

③ Jacques S Gansler，*Democracy's Arsenal：Creating a Twenty-First-Century Defense Industry*，Cambridge，MA：MIT Press，2011，p. 9。

自由流动；没有长期的市场进入壁垒，所有这些通过价格机制这只看不见的手来引导实现。美国的防务和国家安全市场当然并非如此。相反，美国政府通过精细管理一个受到监管的、以少数主承包商为中心，外围是数以千计的小型、利基供应商，且只有一个政府买家的经济市场，创造了影响经济和军事行动效果的条件。只有认识了这幅简单的经济图景才能真正理解政府会将哪种职能委托给工业部门。

同样地，美国对军事装备和服务的需要来源于特定的历史条件；今天国防工业和服务企业的众多特点都带有清晰的历史印记。这个领域的研究文献提出了很多这样的思考，分析了美国政府对其历史基础的依赖性。[①] 第一点，从历史上讲，美国已建立起其自身的防务生产能力，以应对特定战争的需要，或应对一系列可预见的威胁或风险。这种生产能力通过由工业部门管理并交付的采办项目获得，这些工业部门绝大部分是私人部门（下面会讨论政府拥有的防务业务和设施），但政府要求培育并引导着生产。[②] 因此，美国的政客和官员们一直以来就把根据未来国家利益发展并繁荣国家武器工业的责任赋予了工业部门。

然而，国家武器库的数量和规模随着国防开支的变化而波动。一般来说，至少从第二次世界大战结束以来，美国政府和人民在经历了持续冲突期后享受了和平红利，这些冲突既有真实的，也有潜在的。举例来说，1945 年，美国的国防开支超过了 7200 亿美元。[③] 1947 年下降到 1500 亿美元以下，这时美国经济恢复到了和平时期的体制。朝鲜战争促使国防开支增加到 6500 亿美元，随着对抗接近尾声，又下降到那个十年结束时的 4000 亿美元之下。在 20 世纪 60 年代和 70 年代早

---

① John M Blair, *Economic Concentration*: *Structure*, *Behavior and Public Policy* (New York, NY: Harcourt Brace Jovanovich, 1972).

② Michael M Dunn, "The US Defense Industrial Base: Past, Present and Future Challenges", 2005 年 6 月 2 日在美国陆海空三军工业学院 (US Industrial College of the Armed Forces) 宣读的论文。

③ 这部分引用的美元价值以 2012 年价格表示。

期的越南战争期间，国防预算每年增加 1000 亿美元，随着冷战逐渐终结，又再次下降。在 2001 年华盛顿和纽约遭受袭击之后，美国在阿富汗和伊拉克展开行动，国防开支再一次上升到接近 1945 年的支出水平。

伴随国防预算和年度支出每个时期的波动，美国的私人部门做出应对，按照政府要求提供国家的武器生产，并满足当前和未来军事抱负对军事行动的要求。毫无疑问的是，美国防务和国家安全行业受政府委托提供国家军事能力所必需的装备和服务。

独特的防务市场，无论从其持续的需求还是从历史角度看都需要集中的产业规划，而美国强烈信奉自由市场的力量，第二点思考便是关注协调这两者之间的紧张关系。① 在第二次世界大战期间，战争动员办公室（Office of War Mobilization）采取集中规划方式，它负责将美国从和平时期的自由市场经济转变为战争时期的半计划经济。国防动员办公室在朝鲜战争（Korean War）时期也发挥了作用，它的部门主管由总统任命。随着朝鲜战争结束后预算的萎缩，这个办公室的地位与职责都减少了，最终在 1991 年被联邦应急管理署（Federal Emergency Management Agency，FEMA）的应急动员部（Emergency Mobilization Division）所取代。一条既定的行政命令（Executive Order）称，作为国土安全部（Department of Homeland Security）的首要职能，联邦应急管理署承担制定防务产业规划职责。② 然而，在美国，国防工业的健康和竞争性一直是国防部和各个军种关注的重要方面。

此外，于 1950 年生效的美国《国防生产法》（*Defense Production Act*）赋予国防部规划和管理潜在生产波动以满足军事行动需要的权力。根据该法案，总统有权控制并将关键物资分配给防务部门，并要

---

① 参见 Murray Weidenbaum, *The Economics of Peacetime Defence*（New York, NY: Basic Books, 1974）。

② 《12656 号行政命令》（*Executive Order Number 12656*）。

求在美国注册的防务生产商达到特定的生产—产出水平。极为重要的是，政府授权国内国防工业遵从总统指令，例如增加生产。

第三点思考是，在美国没有唯一、同质的国防工业基础，认识到这一点很重要。而且，飞机的设计和建造、陆地战车的生产、船舶建造以及弹药生产是完全不同的，具有不同的经济历史。直到第二次世界大战以前，很多防务装备来自商业性工业部门，当必要时才转化为战时生产，但政府热衷于在冲突结束后将这些部门转向民用、商业生产。相反，从1945年开始，为应对不断增长的技术需要，包括火力控制和推进系统，专业化的国防工业成长起来。尽管今天的民用商业部门同样受到了技术的驱动，防务装备和民用消费品共用许多子系统和零部件，但是大多数防务产品仍来自国防生产设施。美国政府已在鼓励防务部门从更广阔的市场中分离出来，并为此感到欣慰。

德国

与英国和美国一样，德国政府已以"常规采购"（conventional procurement）和"私有化"方式将各种防务职能委托给私人部门。常规采购包括在德国联邦国防军客户产品管理（Customer Product Management，CPM）[①] 系统中采购的产品及服务，这个系统由德国国防部（Ministry of Defence，BMVg）装备、信息技术与在役保障局（Equipment，Information Technology and In-Service Support Directorate，AIN）运作。[②] 客户产品管理是德国国防部用于确定和满足联邦国防军需求的程序。它的目的是通过及时且经济地提供军事行动所需产品和

[①] BMVg, "Customer Product Management（amended）: Procedures for Requirement Identification, Procurement, and In-Service Support in the Bundeswehr", Ref. No. 79 – 01 – 01, 12 November 2012.

[②] Ulrich Petersohn, "Outsourcing the Big Stick: The Consequences of Using Private Military Companies", Working Paper Series No. 08 – 0129, Weatherhead Center for International Affairs, Harvard University, p. 13.

服务，来获得和保持必需的军事能力。客户产品管理是军事装备常规采购的参考文件。正如稍后会详细介绍的，非常规性的私有化安排由联邦国防军关于《创新、投资和成本—效益框架协议》（*Framework Agreement on Innovation, Investment and Cost-Effectiveness*）来管理。

客户产品管理系统：自 2013 年 1 月生效以来，新修订的客户产品管理反映了德国国防采办系统的结构重组，这是德国联邦武装力量总体改革过程的一部分。[①] 德国国防采办系统改革包括修改采办和服役过程，这一过程被划分为三个阶段：分析、实现和"服役"（见图 1）。这些改革对德国国防部在常规采办领域的消费者角色产生了重大影响。 25

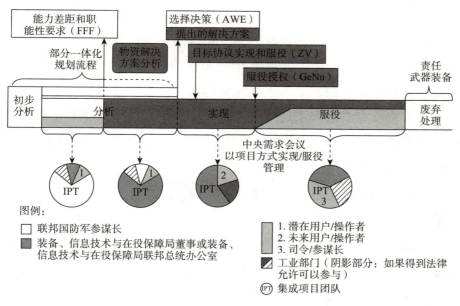

图 1 德国的采办和服役流程

资料来源：联邦国防部，2013 年。

德国政府在防务部门私有化的一般做法被《2006 年国防白皮书：

---

① 参见 BMVg，"Die Neuausrichtung der Bundeswehr: Nationale Interessen wahren-Internationale Verantwortung übernehmen-Sicherheit gemeinsam gestalten"，Broschüre zur Neuausrichtung，Zweite，vollständig aktualisierte Auflage，March 2013，pp. 92 - 95。

德国的安全政策和联邦国防军的未来》（*White Paper 2006 on German Security Policy and the Future of the Bundeswehr*）描述为：[1]

> 联邦国防军将会一如既往地关注其核心任务。继续推进与贸易和工业部门在服务任务上的合作，尽可能地将合作拓展至私人部门能更为经济地提供的整套任务的外包上。这将减轻武装力量的工作负担，提高成本效率，并减少军事行动成本和资本占用。私人投资者的资本将被动员起来，打开新的收入来源，并因此创造机会为联邦国防军加大投资。

到目前为止，德国国防部的私有化努力主要出现在国防管理组织（Defence Administration Organization）负责的领域内，它隶属于联邦国防军，是在法律和组织上都独立的实体机构。细细品味这些做法，可以认为，将联邦国防军明确划分为武装力量和国防管理组织已使德国国防部能够采取积极但合理的方法将服务部门私有化，就如同在德国宪法管理之下那样。

德国国防部的准则没有提供关于核心及非核心军事能力的单一、精确定义。因此，从多个政策文件的解释中可以得到一个粗略区分，这些文件包括《2006 年国防白皮书：德国的安全政策和联邦国防军的未来》、《德国联邦国防军概念》（*Conception of the Bundeswehr*，KdB）以及《德国联邦国防军特殊概念》（*Special Conceptions*，TKs）。[2]

根据这些文件，核心军事能力包括五类功能：武装力量行动、命令和控制（C2）、全球侦察、部署军队的战略能力以及维修任务。而

26

---

[1] BMVg, "White Paper 2006 on German Security Policy and the Future of the Bundeswehr", October 2006, pp. 62 – 63.

[2] 参见例如 BMVg, "White Paper 2006 on German Security Policy and the Future of the Bundeswehr"; BMVg, "Konzeption der Bundeswehr", 1 July 2013。

恰恰是德国国防部的政策没有把这些职能领域委派给私人部门。然而，在过去，在与全球侦察和战略部署能力有关的方面，联邦国防军存在的重大能力差距促使德国国防部把从私人部门获得服务作为临时解决方案。① 此外，在战场上，当军事行动环境允许时，国防部可以选择将其核心能力的某些部分外包出去。然而，还是需要保持最低限度的有机能力，并要落实好后备计划以确保一旦承包商安排不再可靠时仍能够提供服务。

客户产品管理之外的采购：联邦国防军关于《创新、投资和成本—效益的框架协议》② 于 1999 年由工业部门和德国国防部代表签署，它是联邦国防军将客户产品管理未覆盖的服务进行私有化的基础。它特别从德国防务部门的角度概括了两者之间合作的目标，如下：

- 利用德国工业部门的创新和技能提高德国武装力量的投资机会；
- 巩固并保持工业部门和武装力量的创新能力；
- 提高公共承包商和私人公司在采办和军事行动过程中的成本—效益；
- 提高资源的使用效率以开创新的投资机会。

尽管已过去了十多年，但这些目标依然有效，同时发挥着联邦国防军私有化活动基础的功能，这些私有化活动可以被区分为三种类型：形式上、职能上以及实体上的私有化。

在形式上的私有化中，一个公共实体在私法制度下运行，而政府

27

---

① 作为一个例子，可参考北约的战略空运过渡性解决方案（Strategic Airlift Interim Solution, SALIS）协议。作为战略空运过渡性解决方案多国空运联盟的一员，德国有权使用六架安—124（Antonov An‑124）运输机实现战略空运。参见 NATO，"Strategic Airlift Interim Solution（SALIS）"，http：//www. nato. int/cps/en/natolive/topics_50106. htm，2013 年 10 月 14 日访问。

② BMVg，"Rahmenvertrag Innovation, Investition und Wirtschaftlichkeit in der Bundeswehr"，15 December 1999.

拥有完全的所有权。这种"体制内公司"的一个典型例子是"开发、采购和行动公司"（Gesellschaft fur Entwicklung, Beschaffung und Betrieb, g. e. b. b.）。开发、采购和行动公司是国防部私有化活动的核心推动力。它在 2000 年由德国国防部建立，国防部是它唯一的所有者，它作为体制内的咨询公司为国防部提供关于民用服务重组以及所有效率问题的建议。开发、采购和行动公司独立、自主运营，在其职责范围内有能力且可自由地发展一些私有化项目。它的目标是通过减少联邦国防军的非军事勤务，保障其完成核心军事任务。

职能方面的私有化描述了公—私部门伙伴关系公司的基础，自从开发、采购和行动公司建立之后，这就是它努力的重点。政府与私人部门都持有合营公司的股份。在一家公—私部门伙伴关系公司中，工业部门合作者往往是大股东，这反映出政府意图将主要的商业风险转移给私人部门。举个例子，比如在 2002 年 8 月成立的联邦国防军衣物供应公司（LH Bundeswehr Bekleidungsgesellschaft, LHBw），它负责购买、储存和配送所有的联邦国防军衣物。德国国防部持有这家公司 25.1% 的股份，联邦国防军衣物供应公司持有剩余 74.9% 的股份。[①]

实体私有化的特征是勤务提供完全由国家委托给私人部门。这种类型的私有化——尤其是外包——发生得非常少，因为在明确的合同安排之外的领域，政府影响力受到了严重制约。这种外包解决方案的情况出现在运输和基础设施服务领域，例如集装箱和军事装备的海洋运输、水上设施运营和战场上医疗垃圾焚烧点的维护。

28　　　将通常由国家提供的勤务私有化以及选择特定的私有化路径（形式上、职能上或实质上）的一般决策都依赖于以成本—效率为根本的

----

① 联邦国防军衣物供应公司是一家由狮子服饰公司（Lion Apparel Deutschland）和汉宏全球物流公司（Hellmann Worldwide Logistics）各自持股 50% 组成的合资公司。参见 BMVg, "Wirtschaftlichkeit und Projektmanagement", Bundesakademie für Wehrverwaltung und Wehrtechnik, Mannheim, Modul 3, A/GT-L: PM/AWP 3-Kurs 02/12, 8 August 2012, p. 21。

一系列影响因素。

　　如上所述，在将某些职能从公共部门转移给国防工业时，需要考虑很多独特的特点。首先，政府现在似乎偏爱就服务或能力订立合同，而不是仅就一个物质产品订立合同。甚至大型资本项目现在也有了升级和维护的时间表，以及整合及未来处置方案。其次，政府似乎总是将工业部门与效率和创新联系起来，尽管那种创新的源泉可能会被质疑。比如，有人可能会问，到底是小型企业在创新，还是创新只是大型、传统的原始设备制造商（original equipment manufacturers, OMEs）的专属领域。马里亚纳·马祖卡托（Mariana Mazzucato）权威地指出，政府资金和支持对创新已产生了积极影响，她的研究提供了一个案例，显示苹果公司如何充分利用了防务部门资助的技术。[①] 最后，甚至与前线和军事行动相关的职能现在也可以外包给工业部门了。这种对"政府本来的职能"的重新定位是各个先进工业国家共同关注的主题，它在政治和高效项目管理理念的驱动下指向了私人部门的主导地位。

○ 资料4

定义"成本效益"

　　"成本效益原则规定必须以既定目标和使用资金（资源）两者之间的最优关系为目的。这包括经济性原则和赢利性原则。经济性原则（最小化原则）要求以尽可能最小的资源消耗实现某个结果。赢利性原则（最大化原则）要求以某种资源消耗实现尽可能最好的结果。在确定并满足联邦国防军需求时，应当在以最优成本/收益比率为目标的一个迭代程序中连续不断地评估那些决定支出的因素"。

　　资料来源：BMVg, CPM 2007, p. 35。

---

① 参见 Mariana Mazzucato, *The Entrepreneurial State: Debunking Public vs. Private Sector Myths* (London: Anthem Press, 2013)。

生死攸关的工业部门？

考虑到私人部门在支持国防活动这项国家核心职能中发挥着关键作用，政府倾向于将某些国防工业部门看作对国防能力至关重要。因此，这一部分讨论这样的领域，如果它们确实存在的话，对这些领域英国、美国和德国政府意识到它们必须依靠在其本国内的国防工业能力，而不能将其外包给私人部门，因为它们将这些看成政府本身的职能。

英国

在英国，这个问题的解决方法一直在不断变化。回溯 20 多年以前，在彼得·列文（Peter Levene）（现在的列文勋爵）负责国防采办时，政府所宣扬的政策是向友好国家的国际竞标者开放进行竞争。只有在出于政治原因不能利用外国供应商的领域，才会真正担心维持国防能力的问题。

从 20 世纪 80 年代中期直到 2005 年，英国在这个领域的实践缺乏清晰度：尽管声称愿意允许外国公司参与合同投标，但实际上继续将许多合同授予了英国企业，这么做至少是因为政治上的考虑，如就业，这些考虑往往是影响最终由内阁对大型项目做出决策的因素。英国还制定了一项《工业参与政策》（*Industrial Participation Policy*），它缓解了放弃机载早期预警系统（airborne early warning，AEW）"猎人"（Nimrod），而采购"哨兵"机载预警和控制系统（Sentry airborne warning and control system，AWACS）所带来的冲击。这在本质上是一种补偿措施，它规定为英国供应商品的防务企业应当就子系统与英国公司签订防务合同，至少要与原始合同价值相等。至于机载预警和控制系统合同，波音公司对这种方法做出了具体承诺（参见第三章）。

后冷战时代的政治环境相当重要，因为与 1991 年第一次海湾战争（the First Gulf War）相关的产业动员以及随后的军事行动（在较小程度上）提醒政府，防务供应链——最好是灵活、有效和适应性强的，在这样一个要求突袭且某些情况下需要采取持久军事行动的年代里，它是防务能力的重要组成部分。在调整和维持军事能力方面过度倚重外国供应商，不仅会给军事行动带来风险，还会损害英国作为一个有能力采取独立军事行动的军事大国的立场。

对工业方面的考虑在防务议程中占据重要位置的第一个迹象出现在 2002 年发布的《国防工业政策》（Defence Industrial Policy）中，它正式且权威地承认那些通过研究、开发、生产或保障任务在英国做出了重大贡献的外国企业应当被政府视作英国公司，除此之外，它几乎没有包括其他政策要点。更为重要的是 2005 年的文件《国防工业战略》（Defence Industry Strategy，DIS），它采用了逐个部门分析法，在国防采办大臣德雷森勋爵（Lord Drayson）的推动下出台。这份文件强调，英国要能够在突发军事行动中使用自己的武器，它本身需要具备对其库存物资的维护和改装能力，这意味着从外部供应商那里获得技术转移非常重要。英国维修和改装 F-35 联合攻击战斗机（Joint Strike Fighter，JSF）的最终能力水平将是对这一雄心的关键性检验。

政府从未准备好为《国防工业战略》提供资金；的确，在资金不得不用于维持某些工业部门这一点非常明确的情况下，财政部为什么签署了这个文件一直让人难以理解。德雷森勋爵离开了政坛，显然是在政策推进速度上受挫了。然而，作为《国防工业战略》的一个结果，关于水面舰艇建造［《商业协议条款》（Terms of Business Agreement）涉及英国宇航系统公司和巴布科克集团（Babcock）］、直升机和战斗机支持及复杂武器的一些长期协议进入了实施阶段。在最后一个领域，

30

成立了复杂武器小组（Team Complex Weapons），将政府、欧洲导弹集团（MBDA）、泰利斯（Thales）、罗克希尔公司（Roxel）和奎奈蒂克（QinetiQ）召集在一起，形成了确保英国保持设计、开发、生产、测试和支持复杂武器能力的机制。英国政府的波顿镇（Porton Down）也是如此，它是工业部门和政府共同努力为避免遭受生物、化学和放射性武器威胁而建设的具有商业和军事价值的基地。

政府 2012 年《通过技术确保国家安全》（*National Security Through Technology*）白皮书正式终结了部门战略，尽管继续承诺英国要具备在它认为适当的时候使用自己武装力量的能力，但它宣称愿意从世界防务市场购买"现货"以及强调要以可负担性为中心。[①] 但是，与不同公司订立的合同安排仍有效，并不意味着在利比亚战争（Libya campaign）期间很好地为英国政府服务的复杂武器小组必须停止运行。最后，值得注意的是，在国防部的白厅大楼中设立了一个小型工业部门团队来解决这些问题，并将它们纳入更广泛的英国防务政策之中。如果 2012 年白皮书传递出的信息是，对《国防工业战略》的关注最多只有低优先级，那么随后很快就反应堆和潜水艇任务订立的合同则显示政府已认可英国核潜艇工业是必需的，因为基于潜艇的威慑会继续。

美国

相反，美国保留着巨大规模的常备武装力量，他们需要装备和维护。这需要国家工业基础的重大支持和参与，其中的某些部门甚至被视为对主权能力和自治这种存在主义观念至关重要。

长期以来，一种保持被认为是关键防务能力的方法是将国防工业基础这个部门保留在公共部门中。从历史上看，在美国宣布独立之后

31

---

① 参见 International Institute of Strategic Studies（IISS），*The Military Balance* 2011：*The Annual Assessment of Global Military Capabilities and Defence Economics*（London：Routledge，2011），pp. 41 - 51。

的发展过程中产生了公私混合型的国防工业基础。19 世纪，美国政府拥有 47 个兵工厂和 6 个海军造船厂。① 军队所需要的武器装备传统上来自国有的生产设施，或许小型武器是个例外，它来自私人部门，例如像柯尔特（Colt）这样的公司是政府主要的供应商。类似的，飞机和其他空中系统，虽然曾经有国家兵工厂参与，但在历史上一直是私人公司的领地，根据政府需求和设计要求进行生产（尽管航空维修站是公共设施）。如今，政府的维护、修理、大修和生产设施依然花费了超过 150 亿美元的年度国防预算。② 这包括小型武器弹药工厂、海上仓库和海军造船厂、陆地维修工厂和空中后勤中心。所有这些都处于美国国防工业的国有部门中，直接雇用了大约 70000 名工作人员。③

因此，从某个层面分析，尽管学者们不断认为应该进行私有化，但是耗材修理和大修机构及后勤设施被认为对美国防务活动是如此重要，以至于它们仍被保留在公共部门中。其他被认为对国家能力和自由决策非常必要的领域有网络技术、与战略威慑相关的能力、多任务系统技术以及定位与监视技术。④ 尽管这些能力大部分存在于私人部门中，例如洛克希德·马丁、波音和 L3 通信公司，但它们确实是处在政府的资助、监管和惠顾之下。

德国

德国政府的《2006 年国防白皮书：德国的安全政策和联邦国防

32

---

① 参见例如 Marion E Bowman，"Privatizing while Transforming"，*Defense Horizons*（No. 57，July 2007），pp. 1 – 9。

② 参见 Stephen Daggett and Pat Towell，"FY2013 Defense Budget Request：Overview and Context"，Congressional Research Service Report，20 April 2012，http://www.fas.org/sgp/crs/natsec/R42489.pdf，2013 年 10 月 8 日访问。

③ 参见 Rupert Smith，*The Utility of Force：The Art of War in the Modern World*（London：Allen Lane，2005）。

④ Ministry of Defence，*National Security Through Technology*，Cm 8278（London：The Stationery Office，2012），p. 8。

军的未来》阐明了本国防务技术能力的重要性，并要求政策制定者和工业部门领导者共同决定德国防务技术在欧洲的战略地位：①

> 一支现代化的联邦国防军需要一个有效率且可持续的国防工业基础……这意味着要拥有本国的防务技术能力以便在装备部门中共同推进欧洲一体化进程。这些将确保协同作战能力，并确保对开发、采办及操作重要军事系统的影响力。只有拥有强大国防工业的国家才能够在联盟决策中发挥恰当的影响力……政治领导人和工业部门必须联合确定德国防务技术在欧洲的战略地位。联邦政府必须在这方面尽最大努力以在德国保持均衡的多种防务技术，包括它的高技术领域。

基于 2006 年白皮书，通过 2007 年《国防部和国防工业部门关于核心国家防务技术能力的联合声明》（*BMVg-BDI Joint Declaration on Core National Defence Technological Capabilities*），国防部和工业部门代表努力就核心国家防务技术能力达成了共识，要实现如下目标：②

33

- 支持德国国防工业的绩效与竞争，包括确保在欧洲范围内认定的核心工业能力；
- 为德国国防工业就其当前和未来投资决策提供安全规划；
- 通过保持促进尖端技术发展的创新力来保证德国的就业水平；
- 促进国防工业基础和防务市场发展，通过减少国家对商业活动的干预，为该市场提供一个公平竞争的领域。

---

① BMVg, "White Paper 2006 on German Security Policy and the Future of the Bundeswehr", p. 63.
② "Gemeinsame Erklärung des Bundesministeriums der Verteidigung und des Ausschusses Verteidigungswirtschaft im Bundesverband der Deutschen Industrie e. V. zu Nationalen Wehrtechnischen Kernfähigkeiten", 2007 年 11 月 20 日。

如上所述，联合声明旨在确认"能力，考虑到以必要的工业竞争力和自信力为基础的欧洲可持续发展的视角，不能因为安全政策、产业政策、技术或国防工业方面的原因而放弃这些能力"。可以说，对核心国家防务技术能力的这个定义要求有明确的能力发展优先次序。然而，正如表5所示，这项联合声明最终给出的被认为对国家能力至关重要的系统和子系统列表并没有体现出这种优先次序，相反，这只是一份较为全面的德国国防工业产品列表。

当然，这种方法出现在2008年席卷世界的金融危机发生之前。它在今天的适用性即使在最好的情况下也是值得怀疑的。

表5　德国的核心国家防务技术能力

系统层面	子系统层面
天基侦察系统	电子侦察/电子战
战斗机	ABC 防务零部件
运输直升机	军用爆炸物处理部件 （地雷、武器和简易爆炸装置）
无人驾驶飞机	
防空系统/防空/反炮兵	
装甲车	
履带车	
未来步兵 （IDZ）	
潜水艇/全自动潜水艇 （autonomous submarine vehicles）	
水面舰艇	
鱼雷防御 （Sea mine defence）	
建模与仿真	
It BW 系统 ［It-System BW（Operations）］	

资料来源：BMVg-BDI Joint Declaration on Core National Defence Technological Capabilities, 2007。

小结

总而言之，英国、美国和德国都已确定了那些他们认为对国家防务活动至关重要的工业部门。这些部门中的供应商提供关键产品，它们是军事行动的必要条件，如弹药、备件或高度敏感的前沿技术，如网络能力和核威慑能力。因此，所有这三个国家都极不愿意在这些领域依赖外国供应商，并已采取措施阻止外国公司进入这些领域。美国政府基于它对"政府本来的职能"的独特理念，尤为注重保护，将这些工业能力中的某些部分或直接保留在公共部门，或对位于美国的供应商施加了严格的控制。在英国和德国，"政府本来的职能"概念没有作为国防工业话语权的一部分明确地受到重视。其结果是，英国，更为严重的是德国，对核心国防工业能力的优先发展顺序至今仍是不清晰的。

授予合同

在防务领域中，将某些职能委托给私人部门的过程由公共采办法律框架和国防采办政策共同管理，前者通常将具体法律应用于国防采办，后者规定了对采办来源（现货、国内、国际、双边等）的偏好及合同类型（成本加成、固定成本等）。

美国

正如前面所概括的，基于价格和绩效的竞争是产生创新和获取战争制胜能力的最好方式，在这种信念的推动下，自 1945 年起，保持供应商之间的竞争已成为美国国防部在其采办策略中使用的主要方法。① 然而，值得注意的是，防务和国家安全领域的价格机制与自由

---

① 参见 David M Walker, DOD *Transformation Challenges and Opportunities*（Washington, D. C. : GAO, November 2007）。

市场的特点完全不同。在商业化的非防务领域，市场中可获得的商品和服务供给的增加会随着市场价格下降，反之亦然。然而在防务领域中，要采购商品或服务的数量通常是固定的，取决于政府预算和关于武装力量结构的理念。在这样的情况下，除了采办初始时的竞争外，企业几乎没有来自市场的经济激励以减少成本。

国会已认识到竞争会带来好处，并颁布了1984年《合同竞争法案》（Competition in Contracting Act），它适用于所有的联邦政府采购项目。[①] 尽管如此，根据法律规定国防部享有许多例外，以至于其相当一部分采办活动签订了单一来源合同。[②] 因此，美国的国防采办模式具有两面性。一方面，它明确地认识到竞争和让价格机制发挥作用是有益的，然而，另一方面，它容忍部门垄断的做法，或许甚至在防务领域内促进了垄断（参见第三章）。简单来说，这是因为国内商业市场同高度规制的、为投送和保障武装力量的防务市场之间仍存在巨大差异。

在国内市场上，产品通常是基于成熟的技术和具有辨识度的品牌，这两点对消费者是有吸引力的，而对购买者则并非必然如此，而且这些产品能迅速在市场上得到应用。在防务和国家安全领域，资本资产投入的技术通常是前沿技术，产生于先前长期的研究和开发（R&D）活动之中，但需要很长时间才能投入应用。同样，在大多数民用工业部门，进入和退出壁垒从中长期看几乎是不存在的，进入和退出某个特定市场的情况很普遍。但在防务领域，存在广泛的进入和退出障碍，包括规制、过去在合同方面的声誉以及知识产权。此外，

35

[①] 参见 Kate M Manuel, "Competition in Federal Contracting: An Overview of the Legal Requirements", Congressional Research Service Report, 30 June 2011, http://www.fas.org/sgp/crs/misc/R40516. pdf, 2013年10月8日访问。

[②] United States Office of Management and Budget (OMB), *Report on Competitive Sourcing Results*, FY 2007 (Washington, DC: OMB, 2008); Gansler, *Democracy's Arsenal*, p. 282.

商业市场中公司的风险和利润总是由企业承担，并受到市场竞争的约束。在防务领域中则与之相反，尽管政府监管着公司，但特别是风险往往由两者共担。①

就美国倾向于在防务和国家安全领域展开某种形式的竞争而言，它往往以特殊方式来处理技术上高度先进或研究主导的需求。国防高级研究计划局（Defense Advanced Research Projects Agency，DARPA）往往会邀请在某个特殊领域有成功工作经验的知名企业，或是失败了但拥有某种特殊、先进技术的利基供应商在预备阶段同政府工作人员非正式地讨论防务要求。然后，基于这些讨论，国防高级研究计划局会把竞争环节限制在非正式讨论中表现出色的两三家企业上。这些被成功选择出来的企业将不仅在价格方面，而且在专有知识和技术能力上展开竞争，在政府投入生产资金之前的项目原型设计阶段，这些专有知识和技术能力必须由清晰的绩效参数来证明。通过这种方式，某些形式的竞争确实成了美国高技术项目的特点，但是采办迅速向具有增值特点的项目管理、技术设计和一体化方向转移，而不是向消耗能源与现金的商业业务发展与组织竞争转移。②

当然，在全面公开竞争和有限竞争之间存在差别。在后一种情况下，竞争者会努力创新并有成本意识，因为这样做会有更大可能赢得竞标。对美国的研究表明，公开竞争往往不利于激励企业，因为为竞争准备提案会付出高额成本，这意味着许多企业会简单地做出"不投标"的商业决策。这也是为什么国防部似乎偏爱单一来源投标或有限竞争的一个原因。③

36

---

① 参见 Frederic M. Scherer, *The Weapons Acquisition Process: Economic Incentives* (Cambridge, MA: Harvard University Press, 1964)。

② James Richardson and James Roumasset, "Sole Sourcing, Competitive Sourcing, Parallel Sourcing: Mechanisms for Supplier Performance", *Managerial and Decision Economics* (Vol. 16, No. 1, January/February 1995)。

③ Defence Materiel Organisation, *Defence Capability Plan* 2011, 15 May 2012.

英国

在英国，国防部偏爱的采办方式一直都是采用竞争，或是密封投标的形式，或是竞争性对话进程的形式。英国政府一直广泛且长期坚持宣扬竞争的积极效应。这些在前首相撒切尔夫人（Thatcher）及其继任者执政期间被反复强调。作为消费者，国防部通常喜欢与众多供应商保持接触，并以竞争为基础确保获得最好的报价。尽管在保守党（Conservative Party）内部有许多欧洲怀疑论者（euroscepticism），但是联合政府从来没有做出任何违背《欧盟防务和安全采购指令》（*EU's Defence and Security Procurement Directive*）的事情，① 这一指令强调以泛欧洲竞争为中心。2012 年《通过技术确保国家安全》白皮书的主题内容是"只要有可能，我们将寻求通过国内和全球市场的公开竞争满足英国国防和安全需要，根据本白皮书制定的政策在适当情况下购买现货产品"。②

然而，英国经历的实际情况是，在订单极为缺乏和潜在供应商进入成本极高的领域，竞争的后果是摧毁了供给基础。在竞争中失利的企业无法负担在下一次机会到来之前维持相关能力的成本，并因此离开了防务部门，这通常是在自愿基础上的一种策略性选择。其部分结

---

① "欧洲议会和欧洲委员会 2009 年 7 月 13 日关于协调由防务和安全领域签约部门或实体授予某些工作合同、供给合同与服务合同程序的欧共体 2009/81 号指令，并修订与欧洲经济区（EEA）有关的欧共体 2004/17 号指令和欧共体 2004/18 号指令"，*Official Journal*（L 216, 20 August 2009），pp. 76 - 136，http：//eur-lex. europa. eu/LexUriServ/LexUriServ. do？uri = OJ：L：2009：216：0076：01：EN：HTML，2013 年 10 月 8 日访问。

② 参见 DASA，*UK Defence Statistics Compendium* 2011，Table 1. 15，http：//www. dasa. mod. uk/index. php/publications/UK-defence-statistics-compendium/2011，2013 年 10 月 8 日访问；DASA，*UK Defence Statistics Compendium* 2010，Table 1. 15，http：//www. dasa. mod. uk/index. php/publications/UK-defence-statisticscompendium/2010，2013 年 10 月 8 日访问；DASA，*UK Defence Statistics Compendium* 2009，Table 1. 5，http：//www. dasa. mod. uk/index. php/publications/UK-defence-statistics-compendium/2009，2013 年 10 月 8 日访问。

37　果是，现在英国在复杂武器、核潜艇、核动力推进系统、燃气轮机、水面舰船、有人和无人驾驶战斗机以及机载雷达领域仅存一家大型国内企业。政府对这种现象的基本反应是面向全世界企业开放英国市场，但并非只有英国这样做。即使是在美国，国防工业合并已达到的程度使美国政府实际上在国内供应商方面没有选择余地。

此外，国防采办为不同的利益相关者提供不同类型的价值，防务选择对就业的影响是十分重要的。这在英国决定保持建造水面舰艇能力的例子上体现得尤为明显。在战略层面上将国防部、英国宇航系统公司和巴布科克集团联系在一起的《商业协议条款》是关于英国保持设计、建造和支持水面舰艇能力的文件，但可以确定它对政府缺乏吸引力，因为没有在它所涉及的苏格兰地区提供很多工作机会。

正如之前提到的，连续多届政府都热衷于将公共资产转移给私人部门，在某些情况下，这要求通过无竞争性的合同条款作为吸引公司接收这些新资产的一种方式。①

其他防务要求也可能导致缺乏竞争的情况。首先，英国拥有数个单位的特种部队，它们的采办实践不透明是可以理解的，尽管据了解，它们与许多供应商关系密切。或许，我们可以合理地认为，它们的采办实践本质上是注重实效的，几乎没有受到任何诸如承诺竞争这样的教条影响。

其次，自 2003 年开始，英国就陷入了一系列艰难的军事行动之中，英国已广泛使用了《紧急作战需求》（*Urgent Operational Requirements*，

---

①　有两个例子体现了这一点，一个是与英国宇航系统公司签订的弹药合同与皇家兵器厂（Royal Ordance）的私有化有关；另一个是与奎奈蒂克就测试场达成一致的长期合同安排，作为解体前防务评估和研究局（Defence Evaluation and Research Agency）的一部分。

UOR），其中，交付速度通常是关键要素，而竞争当然是很耗费时间的。

时间问题也凸显了如何在经验上衡量大型防务发展项目中竞争带来的收益这一挑战。对同一个项目同时实施两种采办策略，一般不可能进行这样的实验。同样，由于在下一部分会提到的原因，国防部也许会停止为一个有问题的项目支付与最初竞争性投标中价格相异的另一个价格。

最后，仅在几个领域中，英国已认识到它应当（并在当时是能够负担得起的）拥有本国的工业能力，这些能力必须通过订单来保持活力。核弹头和核潜艇，包括它们的推进系统和复杂武器会从这种情况中获益，国防部需要通过安排任务以便参与其中的企业能够保持设计、开发、建造、测试和支持相关装备的能力。

回顾一下，英国自 20 世纪 80 年代中期以来一直在强调竞争性投标，尽管每年的情况变动相当大，但来自国防分析服务处（Defence Analytical Services Agency，DASA）的数据显示，以价值和数量计算，通过竞争授予的合同比例在 20 世纪 90 年代之前一直是上升的。自那时起至 2011 年，本质上是成本加成的合同占全部合同的比例按价值计算不断增加至 40% 左右，通过竞争授予的合同比例按价值计算下降到 48%，按数量计算下降到 26%。①

德国

德国关于授予联邦国防军合同的法律框架（见图 2）包括联邦法律、法规和行政规章，并要遵守《欧盟防务和安全采购指令》中所设

---

① Jacques S Gansler, *Democracy's Arsenal: Creating a Twenty-First Century Defence Industry* (Cambridge, MA: MIT Press, 2011), pp. 282 – 284.

定的欧洲法律。① 根据所需勤务的范围和类型以及政府是否认为至关重要的国家安全利益将受到影响，来实施国家或欧洲的规程。招标和授予联邦国防军合同的过程是高度标准化的，基本未给政治偏好留下选择空间。

39

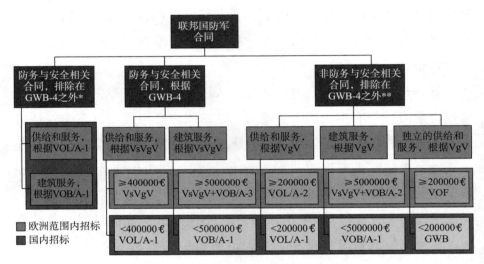

图2 公共采办法律在联邦国防军合同上的应用

资料来源：联邦国防部，2013 年。

说明：* 因为它们不符合 §100（6）GWB；** 或是因为它们不符合 §99（7）GWB 或是因为必须服从 100［excl.（6）］，100a，100b，100c GWB。

---

① 参见 Bundesministerium der Justiz，"Vergabeverordnung für die Bereiche Verteidigung und Sicherheit（VsVgV）"，12 July 2012，http://www. gesetze-im-internet. de/vsvgv/，2013 年 10 月 8 日访问；Bundesministerium der Justiz，"Verordnung über die Vergabe öffentlicher Aufträge（VgV）"，9 January 2001，http://www. gesetze-im-internet. de/vgv _ 2001/，2013 年 10 月 8 日访问；"Bekanntmachung der Vergabe-und Vertragsordnung für Leistungen-Teil A（VOL/A）"，20 November 2009，http://www. bmwi. de/BMWi/Redaktion/PDF/Gesetz/verdingungsordnungfuer-leistungen-vol-a-2009，2013 年 10 月 8 日访问；"Vergabe-und Vertragsordnung für Bauleistungen 2012 Teil A（VOB/A）"，23 August 2012，http://www. bmvbs. de/SharedDocs/DE/Anlage/BauenUndWohnen/vob_ 2012 _ a. pdf，2013 年 10 月 8 日访问；"Bekanntmachung der Vergabeordnung für freiberufliche Leistungen（VOF）"，18 November 2009，http://www. bmwi. de/BMWi/Redaktion/PDF/Gesetz/vergabeordnung-fuer-freiberuflicheleistungen-vof. pdf，2013 年 10 月 8 日访问。

防务合同要向欧洲范围内的供应商进行招标，如果服务合同按估计值计算［不含增值税（VAT）］在 40 万欧元或以上，而建筑服务合同的估计值（不含增值税）必须超过 500 万欧元时也应该这样做。如果估计值低于这些临界值，就可以采取国内招标程序。① 然而，如果德国政府相信与防务和安全有关的合同会影响至关重要的国家安全利益，可能就不会采用欧洲招标程序，而不必考虑这些临界值。②

40

小结

尽管这三个国家的政策制定者都偏好国防合同的竞争性招标方式，但是上述分析清楚地表明，通过有限竞争或根本不通过竞争授予合同是英国、美国和德国的一致做法。这个共同特点反映出防务市场的特殊性，它往往只有有限数量的供应商，或实际上对某个特殊产品只有一个供应商。而且，出于国家安全目的将核心能力严格限定在本国国防工业范围内，是导致采用有限竞争或非竞争方式授予合同的另一个原因。因此，所有这三个国家都面临着提升订立单一来源合同和处理长期伙伴关系技巧的挑战。进而，它们不得不在对非竞争性投标的经常性正当需求与提高防务市场竞争程度的政治偏好之间寻求平衡。

---

① 参见 Bundesministerium für Wirtschaft und Technologie，"Bekanntmachung der geltenden EU-Schwellenwerte für Vergaben in den Bereichen Verteidigung und Sicherheit gemäß § 1 Absatz 2 Satz 2 der Vergabeverordnung für die Bereiche Verteidigung und Sicherheit"，Bundesanzeiger，Bekanntmachung，25 July 2012，p. B2，http://www. bmwi. de/BMWi/Redaktion/PDF/B/bekanntmachung-geltendeeu-schwellenwerte-fuer-vergaben-bereiche-verteidigung-und-sicherheit. pdf，2013 年 10 月 8 日访问。
② 参见"Gesetz gegen Wettbewerbsbeschränkungen（GWB）"100 和 100c 段，1998 年 8 月 26 日，http://www. gesetze-im-internet. de/bundesrecht/gwb/gesamt. pdf，2013 年 10 月 8 日访问；"Treaty of the Functioning of the European Union（TFEU）"，*Official Journal of the European Union*，2012/C 326/01，第 346 章第 1 段。

透明性

政府采办规划和意图的透明程度对工业部门尤为重要，它们依据对政府防务要求的准确理解制定其长期的企业战略规划，而就其协作能力以及可能情况下简化规划程序能力和强化国防工业能力而言，透明性对盟友和伙伴国来说也是重要的。

英国

对英国而言，政府采办规划和意图的透明性是工党政府在其整个执政期间（1997～2010 年）一直为之努力的一个议题。一方面，它倾向于尽可能地公开未来的规划，就像澳大利亚多年以来的那样。①其逻辑是这样的，如果企业非常确信在可预见的未来将会获得一项国防部合同，它们就会更有信心在相关能力领域投入自有资金。这样的投资或许会减少国防部的成本，无疑将会提高签订合同后的交付速度；另一方面，也存在这样的顾虑，如果国防部透露了它给某个特定项目预留出的资金数额，就会导致企业正好以此为最高限额进行竞标。尤其是在工党执政的最后几年中，据推测，政府不愿意把注意力吸引到规划中的过度承诺上来。不论事实如何，工党政府从未想方设法公布过武器装备规划（Equipment Plan），而仅限于发布它们认为"在工业时代"可以公布的，这完全由个人头脑中对能力领域的判断来决定。随后的保守党—自由民主党联合政府同样强调将要公开规划细节，但直到 2012 年夏天仍未实现。其解释称，规划草案以及所有被删减的内容已被送至国家审计署（National Audit Office，NAO）进

---

① 目前由必普解决方案公司（BIP Solution）发布。参见 http://www.bipsolutions.com/Business-Intelligence/ContracInformation/MOD_DCB.html，2013 年 10 月 10 日访问。

行审查。国家审计署是否将会清楚表明该规划是负担得起的，它是否仅按照国防部评估可负担性的程序作出判断，还是它将遵循某些其他的行动程序，目前都尚不明确。

然而英国对它的很多紧急需求不仅向英国企业公开，而且向全球国防工业企业公开，英国在透明性方面确实有着很好的记录。它每月出版的《防务合同公告》（Defence Contracts Bulletin）可以追溯至 20 世纪 90 年代，虽然并未包括涉密信息，但是包含了关于可能签订的合同、邀请招标合同和已授予合同的大量信息。任何人支付适当的订阅费都可以获得该公告。[①]

从治理的角度看，在涉及公众的方面也存在着透明性问题。这里，由国防部提供给国家审计署的信息发挥着关键作用，国家审计署的报告通常是下议院国防和公共账户委员会（House of Commons Defence and Public Accounts）进行专项调查的基础。总之，国防部想要对其未来规划更为公开，但实际并非如此。

美国

在美国，国防部会发布其《四年防务评估报告》（Quadrennial Defence Review，QDR），这是对发展趋势、意图和未来需求的全面战略性表述。《四年防务评估报告》清晰阐释了由总统推动的防务和国家安全政策方向，因此它不仅对国防部而言是组织战略的组成部分，而且也表达了白宫的政治意愿。

例如，2006 年《四年防务评估报告》发布于总统乔治·W. 布什（George W Bush）第二个任期开始时期，聚焦于"长期战争"的概念。它反复申明了在伊拉克和阿富汗进行的长期军事行动，以及在中

---

① Jacques S Gansler, *Democracy's Arsenal: Creating a Twenty-First Century Defence Industry* (Cambridge, MA: MIT Press, 2011), p. 91.

东和其他地区保持大规模有效军事力量的原因和必要性。它强调，美国在占领冲突中开展的军事行动，其对手并不一定是敌对国的常规力量，而可能是使用非对称和针对战争特定技术的非常规力量。因此，2006 年《四年防务评估报告》详细描述了国防部为成功进行这类军事行动要求工业部门提供支持和创新的类型。

这类非常规战争的特点是需要规模相对较大、多功能的地面部队在平民和叛乱分子混杂的地区实施占领任务，基于这样的情况，很多美国的战斗系统，例如坦克和先进的防区外远程武器已变得无能为力了。[①] 美国工业时代的武器系统需要增加一系列"信息化时代"的新型能力，因为军事行动着重要求灵活性、时效性和做出攻击决策的及时性。2006 年《四年防务评估报告》向工业部门传递出需要地面机器人和先进无人驾驶飞机（unmanned aerial vehicles，UAVs）的信号，这些装备在之后十年的阿富汗战场上被证明是十分有效的。

2008 年，时任国防部长的罗伯特·盖茨（Robert Gates）在西点军校（West Point）演讲时又提到这个问题，他指出，军队必须由为过去传统的国家间战争而设计的大型、成本高昂的武器系统转向为阻断当今无固定形态战斗人员网络的新型训练和军事行动方式。盖茨认为，残暴的和自适应性的叛乱以及恐怖主义的扩张将导致旷日持久且混乱的非常规军事行动，主导军事胜利的是信息和灵活性，而不再是武器系统。[②]

这样一种对政府政策和未来规划的公开反复重申已影响了工业部门对其主要客户需求的反应。公司基于对政府需求的这种清晰表述非常有信心地做出研发投资决策。[③] 在 20 世纪最后几年中，国防部预算

43

---

① Greg Grant, "Gates Tells Military Services to Prepare for Unconventional Wars", *Government Executive*, 22 April 2008.

② 2012 年 3 月 20 日作者对一位美国国防部官员进行的采访。

③ 参见 IISS, *The Military Balance*, 2011, p. 43。

的变化进一步表明，军队的未来是以无人驾驶飞机和无人驾驶战斗机（unmanned combat air vehicles, UCAVs）的发展和部署为基础的，盖茨提议在 2009 年的国防预算中，停止生产 F - 22 战斗机以进一步资助无人驾驶飞机和无人驾驶战斗机发展项目。

2010 年，奥巴马政府出台了一系列重要文件，美国军方和防务企业家们已利用它们在近期和中长期确认需求并制定规划。这一年度发布了 2010 年《四年防务评估报告》、《2010 年国家安全战略》（National Security Strategy）、《核态势评估报告》（Nuclear Posture Review）、《弹道导弹防御评估报告》（Ballistic Missile Defense Review）和《空间态势评估报告》（Space Posture Review）。这些文件和活动反映出奥巴马政府要继续关注灵活的解决问题能力及制信息权（information superiority）的一贯态度。它们优先发展一种新型的空海一体战（Air-Sea Battle）概念、远程打击、太空和网络空间能力，以及有创新性的、多技能特种部队。对后者，2010 年《四年防务评估报告》和《国家安全战略》详细介绍了 660 个特种作战小组，它们均来自三支特种作战部队，并装备了具有 165 斜旋翼、固定翼移动能力和火力支援的初级任务飞机。甚至在通常较为敏感的特种作战领域，美国政府也似乎非常坚持其意图的透明和公开。

这部分是由美国公共预算的性质决定的。正如之前所提到的，美国政体是由行政部门、国会和司法部门之间相互制约与平衡而构成的高度平衡的组织。为政府的这三个组成机构提供滋养的是极为高超的游说和知识分子阶层，因此，支出项目虽然由总统及其内阁〔通常来自宣言承诺（manifesto commitment）〕提出，但必须获得监督公共支出的国会的同意。此外，从宪法角度来看，这类项目必须是合法并是"美国式的"。这促进了透明度的提升，因为官员不喜欢有风险的项目，仅由于意外打破了政府复杂的网格结构。

德国

过去十年中德国政府国防工业政策的总体透明度已改善了。作为旨在体现德国安全和防务政策全面改革的更为积极主动信息政策的一部分，在国防部长政治领导下的联邦国防部已描述出政府国防工业政策的基本内容和总体方向。

通过联邦国防部一系列正式、解密的出版物，国防部长的公开演讲和媒体露面以及出版外部审计报告，政府展示了新的德国采办系统的结构与程序。除此之外，联邦国防部在组织并出席一些会议和研讨会方面发挥了积极作用，这些会议和研讨会要考察联邦国防部中新的装备、信息技术与在役保障局以及基础设施、环境保护和服务局（Infrastructure，Environmental Protection and Services Directorate，IUB）的运作程序。然而，公开信息通常限于有关德国采办系统组织建立概况的描述上，集中于技术层面而并非提供实际政策制定过程背后原因的详细信息。

允许外部分析家综合评估政府国防工业政策追踪记录的解密报告是没有的。就私有化而言，由联邦国防部预算和管理会计局（Budget and Management Accounting Directorate）编写的经济可行性研究（WUs）和绩效记录是保密的，禁止对私有化项目进行公共监督。缺乏透明性反映出一直以来德国民众对安全和国防政策问题缺乏兴趣。

小结

尽管英国、美国和德国均认为透明性是其国防工业政策中很重要的一个要素，但三个国家在政府国防采办规划和意图方面的透明度差别很大。美国政府由于具有更成熟的战略思维能力，已建立起一套全面的概念性政策文件，就其采办规划和意图明智地告知公众和美国国防工业基础。英国，特别是德国，仍局限于在国家组织机构和政策制定文化的细节上努力效仿美国在这个领域内的做法。但它们似乎已意识到这种战略上的鸿沟，并开始解决这个问题。

成功：政府的表述

衡量国防采办是否会成功会存在问题。项目经理通常作为外部客户的代理，从他既定的视角来说，最重要的考量是一个项目是否按时交付，是否控制在预算之内以及是否达到所要求的规格。所谓"成功"的概念是非常主观的，军事冒险和军事行动成功与采办成功之间的差别很明显，对前者，政治家和勤务人员往往从"结果"的角度来考虑，对后者，则往往关注计划和项目的管理技能以及是否遵守规划和预算。因此，成功是一个很难去定义的概念，更不要说去度量它了，这种挑战是英国、美国以及德国政治体系和国防工业中的现实问题，45 它们对成功和失败的表述是高度政治化的。

从政治角度看，这已成为国防部、作为整体的政府部门、议会——包括它们的代理人，例如英国国家审计署（NAO）、美国政府审计总署（GAO）和德国联邦审计局，以及在媒体上出现的国家政治话语的主要关注点了。当一个项目超出预算时，很容易得出钱被"浪费"了的结论。然而，时间、成本以及首次交付时的表现并非全部：如果是的话，圣保罗大教堂和伦敦的国会大厦将仍被视为失败的项目。因此，对成功更为综合性的评估标准应当考虑工业部门交付国防项目和方案是否准时、成本较低，同时满足对技术优势的需求，并要考虑它是否提供了可靠的解决方案，已可供国内以及在需要进行军事行动的时间和地点使用。

英国

至少在过去十五年里，英国政府已努力加大了国防项目中全寿命考量的权重，开始从燃料、零部件和保障角度来衡量一个系统运行所花费的总成本。在过去八年里，除了装备本身，政府还试图考察是否能力生成所必需的所有要素都是按时且以可负担的方式提供的。政府已开发了训练、装备、人员、基础设施、理念与概念、组织、信息和后勤（Training, Equipment, Infrastructure, Doctrine and Concepts, Organisation, Information and Logistics, TEPIDOIL）架构，作为一个能力管理工具，现在，当国家审计署监察国防部的主要项目时，它会提交一份有关这些要素的简明报告。然而，国防部正在努力调整其管理账户，以便能够可靠地核算系统的全寿命成本，一旦大型项目进入服役之后，国家审计署不再将它们作为一个整体来进行监督。因此对国防装备和保障项目团队进行评估后得到的主要结果仍往往是针对首次交付的时间、成本和绩效的。

作为消费者，国防部也并未试图系统评估其购买的产品在服役之后的效能。当然，这才是真正对项目的检验：一条马路及时完工，符合预算和标准，但没有任何人想去使用它，则不能被视为成功。世界政治形势会使英国和其他国家武装力量的规划者面对复杂的问题：冷战结束极大地降低了台风战斗机灵活性的价值，它也显著地减小了英国核威慑的重要性。为抵御与华约组织军队高强度战争而设计的"勇士"（Warrior）装甲战车恰好于 20 世纪 90 年代在巴尔干半岛证明了其价值，成为保护物资运送的一种方式。430 系列车辆及时并在理想费用之内成功实现了现代化和升级，但它们却因为易于受到简易爆炸装置（improvised explosive devices, IEDs）的破坏而不能被部署到阿富汗。

46

因此，国防部作为消费者是否成功往往要从内部和外部两个方面来判断，以项目是否按时交付、控制在预算之内并达到特定效果为依据。基于这些理由，从目前一批大型项目开发过程的良好进展来看，未来出现问题的可能性似乎并不突出。[①]

美国

在美国，政府审计总署每年会选择对部分防务和国家安全活动做出评估。例如，政府审计总署发现，2007/2008 年国防采办组合中涵盖的项目成本已增长至超出初始预算的26%，并因此被评价为提供了一个无法负担的采办组合。[②] 但是，随着开发成本的增长，据政府审计总署估计，这些项目的开发成本已超出最初项目估计值的40%——如果不考虑这一部分，这些项目正在有效地运行，或接近于按计划运行。这就是对多维度国防活动做出判断的复杂性。然而，"成本攀升"问题一直困扰着国防规划制定者和企业家。政府审计总署发现，在项目全寿命周期中时间表被调整过或绩效标准被修改过的项目中，有63%的项目成本增加了72%。[③] 因此，普遍的感觉是工业部门没有按照成本计划交付产品。

至于交付时间，在美国，军事产品的平均周期——从产品或服务的开发到生产或到实现服役所花费的时间，在过去二十年中已从不到 7 年增加至超过 9 年，对一些评论者而言，这显示了防务市场潜在的无效

[①] GAO, *Defense Acquisitions: Assessment of Selected Weapons Programs*, GAO – 08 – 467SP (Washington, DC: GAO, March 2008).

[②] GAO, *Defense Acquisitions: Assessment of Selected Weapons Programs*, GAO – 08 – 467SP (Washington, DC: GAO, March 2008).

[③] 在同一时期，美国的汽车产业已将其产品—实现周期从 8 年左右缩短到 2 年。参见 Daniel Czelusniak, "Defence Science Board Briefing", 1998 年 6 月 12 日。

率。① 以美国陆军及其未来战斗系统（Future Combat Systems）项目为例，采购周期原计划为 91 个月，但这在实际执行过程中增长为 139 个月——与原来计划的时间表相比，项目交付时间延长了 52%。② 因此，在美国一贯的看法是工业部门无法按时交付，在预算方面也是如此。

考虑到美国军队不断被部署到军事行动中，包括从援助到国内群体事件再到战争，其装备和系统的可靠性和可获得性成为组织和政治方面的重要考虑因素。然而美国并非总能够夸耀其任务系统的可靠性或可获得性。例如，F-22 战斗机平均每两小时就会遭遇一次关键性失败，这意味着它对指挥官的可用性仅有 56%。③ 如果军事行动中士兵伤亡成为一种常态，关于系统缺陷的新闻报道和官方报告会给防务企业和负责采办项目的政府部门造成信誉方面的严重损失。④ 这会影响到社会如何评判国防基础。

后勤领域⑤是目前为止美国军事合同最多的领域，有超过 2000 个单个的军事和政府后勤信息系统，其中很多是相互独立的。⑥ 这

---

① GAO, *Defense Acquisitions: Assessments of Selected Weapons Programs*, GAO-07-406SP (Washington, DC: GAO, March 2007).

② R Jeffrey Smith, "Obama Vows a Veto in Dispute over F-22s", *Washington Post*, 14/07/2009.

③ 参见例如，Renae Merle, "Marines Seek Fuse on Vehicle: General Dynamics Design has Problems", *Washington Post*, 2007 年 2 月 17 日。

④ 根据后勤学，作者指的是一个国家通过发挥运输、供应、维护、补给和保障的有效功能，制订计划、维持和恢复战备状态下联合军队的能力。参见 John louth, "Leadership, Industrial Licence and Logistics: The Search for Some New Thinking", *RUSI Defence Systems* (Vol. 14, No. 2, Autumn/Winter 2011), pp. 39-42。

⑤ 美国的后勤支出在一个给定年份中可能会超过 1720 亿美元，在国防部的资产负债表上还有价值 940 亿美元可自主管理的存货。每一年，订购并交付到所有军事行动战场的零部件超过 1800 万个，在美国存货清单上存在着超过 500 万个装备参考代码。此外，军队后勤系统由超过 100 万的军事及民用部门政府职员组成，他们对应于来自工业部门的众多承包商。这是一项庞大且复杂的任务。参见 Lou Kratz, "Defining the Future of DoD Logistics", Lockheed Martin, Washington, DC, 2008。

⑥ Jacques S Gansler, *Democracy's Arsenal: Creating a Twenty-First Century Defence Industry* (Cambridge, MA: MIT Press, 2011), pp. 217-219。

与积极的协调一致和一体化相违背，因此，尽管年度预算规模很大，但美国在其防务后勤实践方面仍存在严重问题。根据甘斯勒（Gansler）的研究，在不计其数的后勤系统中，仅 2008 年一年就有超过五十万个延期的订单仍在想方设法地被部署于前线。不仅如此，国防部无法解释 50000 个满载存货的海运集装箱送到了战场，而同时 37% 以上的库存弹药归为废弃品、无法修理或在某些其他方面上不能使用。[①]

美国国防存货中的资产价值达 940 亿美元。然而在这个数字之下隐藏着一些令人不愉快的事实。在美国空军存货的 187 亿美元中，半数以上并非军事行动所需要，对军队来说毫无用处，这是一种令人难以接受的资本成本。在这个价值中，大约 3 亿美元的新装备和零部件通过后勤系统交付到最终用户时立即被标记为废弃品。无论从声誉还是绩效来看，美国防务后勤的职能都是极为不理想的。[②]

德国

在德国，预算和管理会计局已为德国国防部拥有的全部企业开发出综合目标和主要绩效指标"度量"（*Kennzablen*，KnZ）系统，用来评估企业效益和效率目标。利用该系统，会计局每两年会为内阁的政治领导提供一份关于国防部所拥有的全部企业综合报告。通过将使用者、承包商、预算和管理视角结合在一起，这份机密报告使国防部的政治领导可以了解企业现在和未来的运营效益及效率水平。项目负责人提供的项目主要绩效指标和评估情况也是国防部向德国联邦议会预

---

① 2012 年 3 月 3 日，作者对一位美国防务官员的采访。

② Mod Defence Equipment And Support, "Contractor Support To Operations（OSO）: Policy Overview, Joint Service Publication 567, 5th Edition", Defence Council, 2009; MoD, "Contractors on Deployed Operations（CONDO）-Processes and Requirement, Defence Standard 05 – 129, Issue4", 2010 年 3 月 12 日; MoD, "Contractors On Deployed Operations, DEFCON 697, Edition 12/10," 2010。

算委员会（Budget Committee）进行定期报告的基础。

对在客户产品管理程序之下实施的常规采购而言，在其实现阶段结束时的"成功"是通过"合规性检验"和"运行测试"来衡量的。作为验收程序的一部分，承包商必须证明他遵守了合同规定。在合同中协商一致的绩效标准是验收的基础。如果可能，必须进行一项"综合的合规性演示验证"以明确区分消费者和承包商的责任。消费者技术和使用者测试应当相互协调，以尽可能地避免重复，并以最大可能确保测试的一致性（从地点和时间的角度看）。当然，这意味着，非常类似于英国的情况，德国的评估体系并未充分考虑系统一旦进入服役后的运行绩效。因此，在德国传统的采购方式中仍缺乏系统的、从全寿命周期角度测度成功的方法。

联邦审计局（Bundesrechnungshof）作为受制于法律的独立的最高联邦权力机构之一，和其他政府部门一样，要定期审查国防部的财政管理决策，包括产品和服务的采办。通过"管理信函"方式，它向德国国防部通报其调查结果，国防部必须在联邦审计局规定的时间内就审计结果和结论提交评述。此外，联邦审计局会向德国议会、联邦议院和参议院以及联邦政府提交年度报告。而且，联邦审计局可以随时向议会和联邦政府就某些重大事项提交特殊报告。尽管拥有这些权力，普通民众仍并不认为联邦审计局是政府国防支出的高级审查机构，就像国家审计署在英国的地位一样。过去，有关这个主题的大多数非常技术性的报告并未被媒体报道，只有国会议员中的反对派随机地使用它以要求政府公开承担责任。

小结

因此，英国、美国和德国都面临着从全寿命周期角度评测工业部门提供产品是否成功的共同挑战。而且，在防务领域，金钱价值的概念并不仅限于按照预算和时间表交付产品，还包含着装备和材料在行动中的可使用性、可靠性和可获得性。基于此，政府必须全面理解、监督和评估私人部门在生产、维修和在役保障其产品方面的绩效。这就需要一个有效的部门全寿命项目控制系统。尽管无论是英国、美国还是德国到目前为止都还远未完全建立起这样的系统，但正如上文所示，它们已取得了一些进展。

军事行动：工业部门的作用

英国

自冷战结束之后，英国已采取了相当多的军事行动。除了 2003 年在伊拉克的战斗之外，其余所有行动都很难预测，并因此难以制订计划。结果是，现有军事力量在军事行动开始时往往没有获得合适的装备，没有做好准备。为应对这种情况，英国国防部建立起用于紧急作战需求采购的特殊机制，即采购军事行动中需要相对快速提供的产品和服务。根据财政部的已有安排，一场战役协商一致的边际额外成本不需要由主要的国防预算来提供资金，额外资金可首先由财政部，然后由国会拨付。如果只有议程中的战斗需要某种装备，并因此它的即时保障需求必须被加以考虑，那么这种装备就可以通过这种方式采购。特定的勤务部门如果决定要在一场战斗结束之后保留紧急作战需求装备，就必须从基本国防预算中支付保障成本。

在旷日持久的伊拉克和阿富汗战争中，紧急作战需求可被划分为两大类型。第一类是在行动开始之前被确认为在可接受的条件下提高成功机会所必需的物资。这些物资要求必须至多在少量几个月内交付，且订立合同的时间非常有限。需要这些物资是因为，和平时期预算所支持的处于备战状态的武装力量要素是针对一般类型军事行动的，而这些物资并不在这些要素中：特殊行动通常总是有它们自己的需求。而且，政府可能并不愿出资提供某些战争物资储备，尤其是如果这会涉及巨额支出或确信这些物资能够很容易地从民用经济部门中采购获得：AA 电池就是这样的一个例子。

第二类是由于战斗并非如最初期望的那样进行，例如对敌方使用的技术和战术英国军队没有做好充分准备，从而产生了需求。在阿富汗和伊拉克，随着战斗的进行，英国军队产生了特殊需求，尤其是需要辨认并防御简易爆炸装置。对这样的需求，交付的时间压力会稍微轻一些，可以延长到一年或一年以上。

总的来说，国防部主要依靠位于英国的企业来满足它在第一类情况下的需求，有时候希望它们在合同签订或修改之前就开始工作。工业部门通常是合作的，在 2011 年的利比亚行动中它们甚至赢得了政府的感谢。就军事行动而言，工业部门和政府应当"在一起"共同努力来保护英国军队的生命，并提高英国军事和政治成功的机会，这是符合国防部利益的。对第二类型的紧急作战需求，英国更多地依赖于全球市场，不得不极为有限地考虑装备的长期保障需求。一般来说，国防部采办人员的努力，以及国内外工业部门对紧急作战需求的回应，让国防部作为消费者的角色看上去是令人满意的。交付情况已得到了改善，也没有人指责公司利用了政府职责中的任何漏洞，至少在公共领域是这样。

除了上述提到的政府利用工业部门的能力及时、按预算交付高质量的紧急作战需求的经验之外，私人部门在军事行动中的作用还包括提供承包商保障军事行动（CSO）服务。因此，也可以说，全部活动都可以被认为是积极的。

国防部已建立起一系列措施在承包商被部署到战场和用于军事行动之前对他们进行管理。主要内容有制定承包商保障军事行动政策和法律框架，包括《联合保障出版物 567》（*Joint Service Publication* 567），涉及资助型储备（sponsored reserve）、已部署军事行动的承包商（contractors on deployed operations，CONDO）以及私人军事与安保公司（private military and security companies，PMSCs）的政策，阐明了已部署军事行动的承包商程序和要求的《国防部标准 05/129》（MoD Standard 05/129）以及《国防部防卫态势 697》（*MoD Defence Condition*，*DEFCON* 697）。

此外，在 2012 年国防部采取了美国的"同步预部署和行动跟踪器"（Synchronized Predeployment and Operational Tracker，SPOT）系统以提高在部署前和部署时对英国承包商的追踪能力，[①] 它将承包商人员和他们所支持的合同联结起来，进而生成易获得的有关承包商情况数据，如位置、数量和他们完成的任务或合同。[②]

尽管做了这些改进，英国在伊拉克和阿富汗的承包商保障军事行动经验虽然总的来说是积极的，但也意味着英国政府和武装军队必须继续提升它们就承包商保障军事行动订立合同、管理和监督的能力。看上去仍缺乏深入了解承包商保障军事行动商业基础的有经验的采办人员来管理如此巨大的承包商保障军事行动需求所带来的资金和工作。

私人部门必须确保其承包商保障军事行动商业模式的长期可持续性和赢利性，特别是在装备和人员保障的子市场上，必须将这种模式视作更广泛的服务业的组成部分。公司需要熟练、训练良好、装备精

---

① Office of the US Deputy Assistant Secretary of Defense（Program Support），"Synchronized Predeployment and Operational Tracker-Enterprise Suite"，单篇情报资料，http://www.acq.osd.mil/log/PS/SPOT/Definition_SPOT_ES_InfoSheet.pdf，2013 年 10 月 10 日访问；参见 Office of the US Deputy Assistant Secretary of Defense（Program Support），"US/UK Force Generation Analysis"，p.7。

② Commission on Wartime Contracting in Iraq and Afghanistan，"At What Risk?"，Second Interim Report to Congress，2011，pp.1-5。

52 良、思想和身体均做好准备并得到合理报酬的员工来提供高质量服务。① 它们还需要对实际风险进行评估，这有赖于对极为复杂的军事行动环境有深入的了解，以及对商业、信誉和个人风险的均衡考量。最终，这些公司不得不提供在战场环境中可持续、成本可接受的高质量产品和服务。

美国

在第二次世界大战以来的每个十年中，美国军方都有军事行动。因此，考察美国政府如何看待其军事行动期间国防工业的保障作用就十分重要了。工业部门在一个特定的防务计划中长期开发防务装备和物资，这与工业部门为军事行动提供即时保障之间存在着微妙、显著的差别。

前国防部长罗伯特·盖茨（Robert Gate）曾指出，承包商对军事行动的直接支持对实施伊拉克和阿富汗军事行动至关重要。他预计诸如此类的平叛行动将成为未来军事实践的重要内容，工业部门对前线军事行动的支持将成为美国战斗行动中日益重要的组成部分。从承担军事行动的角度看，美国政府在很多已部署军队的实际军事行动中依赖工业部门，因此，工业部门被政府视为最重要的国家安全资源。

从这个意义上讲，负责采办、技术和后勤的前美国国防部副部长阿什顿·B. 卡特（Ashton B Carter）声称，"没有承包商，我们将无法进行战争。我们不得不将承包商建立在我们所说的备战、我们所说的训练、我们所说的领导权以及我们所说的战争规划之中。"②

---

① Robert M Gates, "A Balanced Strategy: Reprogramming the Pentagon for a New Age", *Foreign Affairs* (January/February 2009).

② Ashton B Carter, "Better Buying Power in Defense Spending", statement before the Commission on Wartime Contracting, Washington, DC, 28 March 2011, p. 39, http://www.wartimecontracting.gov/docs/hearing2011-03-28_transcript.pdf, 2013 年 10 月 10 日访问。

作为美国政府认识到其承包商对已部署军事行动重要性的一个信号，美国陆军缔约司令部（U. S. Army Contracting Command）于 2008 年开始设立，其宗旨是建立一个军事行动架构和高水平程序，通过它们组成一支由承包商参与的远征军。

此外，自 2010 年以来，国防部已修订了其核心军事行动合同保障（Operational Contract Support，OCS）政策文件，并预计在 2014 年初发布其更新后的联合作战条令《军事行动合同保障》（在 2008 年首次发布）。[①]

尽管有了这些改进，美国政府在实现军事行动合同保障时仍面临着许多重大挑战。为使军事行动合同保障完全制度化，美国政府试图进一步提升它在国防部文化中的作用。美国国会研究服务处（Congressional Research Service，CRS）建议称：[②]

1. 高级领导层必须要一直强调以持续和一致的方式明确有力地表明合同保障的重要性。

2. 职业军事教育（Professional Military Education）课程必须将有关军事行动合同保障的课程完全纳入其各种形式的安排中。

3. 必须扩展训练演习内容，把承包商在战场上发挥的作用涵盖进去。

---

① 2010 年，国防部更新了其《确定劳动力组成的政策和程序》(*Policy and Procedures for Determining Workforce Mix*)，该文件表明承包商人员是总军力的一部分，并在 2011 年发布了国防部指令《军事行动合同保障》的一个重大更新版本，它确立了管理军事行动合同保障的作用和责任。2012 年，国防部更新了其联合计划和执行政策，涵盖了许多后勤功能领域中的军事行动合同保障，例如情报、人员和工程，并于一年之后为使用私人保安承包商建立了标准。

② 参见 Moshe Schwartz and Jennifer Church，"Department of Defense's Use of Contractors to Support Military Operations: Background, Analysis, and Issues for Congress"，Congressional Research Service Report，17 May 2013，p. 16，http://www. fas. org/sgp/crs/natsec/R43074. pdf，2013 年 10 月 15 日访问。

除此之外，国会研究服务处认为，必须做出系统性变革以保证军事行动合同保障的效率和有效性。首先，也是最重要的，国防部必须促使承包商进一步融入军事行动规划和总体战略之中，从而提供积极利用军事行动合同保障的能力。实现这种融合的能力关键取决于获得可靠及适当的数据系统，来构建一幅更完整的合同保障军事行动图景。不仅如此，美国政府不得不提供足够多且具备技术能力的工作人员来管理并监督合同，并制定使用它们的规划。[1]

然而，大部分关于承包商参与军事行动的政治承诺源自精明而实际的财政考量。确实，如果军事人员要履行的职责现在以工业部门直接保障军事行动的方式完成，政府承担的预付成本将会很高，因为每部署一名士兵，必须要有另一名在训练中的士兵以及可能作为军事力量架构的一部分离开的第三名士兵。这往往与承包商工作人员的情况不同。[2] 因此，在前线的工业部门是由现实的预算问题、政府对效率的要求以及投资评估的必然变化所驱动的一种现象。

德国

政府—工业部门关系依然是个崭新的领域，尽管毫无疑问还存在与之有关的诸多问题，特别是在德国联邦国防军阿富汗军事行动的初期阶段，但德国政府推动工业部门为联邦国防军军事行动做出贡献的总体实践是非常有效的。同英国和美国一样，工业部门往往在满足紧急作战需求和提供急需物资方面行动迅速且专业。据政府

[1] 参见 Moshe Schwartz and Jennifer Church, "Department of Defense's Use of Contractors to Support Military Operations: Background, Analysis, and Issues for Congress", Congressional Research Service Report, 17 May 2013, p. 16, http://www.fas.org/sgp/crs/natsec/R43074.pdf, 2013 年 10 月 15 日访问。
[2] 参见 Congressional Budget Office, "Contractors' Support of US Operations in Iraq", August 2008, pp. 16 - 17, http://www.cbo.gov/sites/default/files/cbofiles/ftpdocs/96xx/doc9688/08 - 12 - iraqcontractors.pdf, 2013 年 10 月 15 日访问。

官员称，出现问题通常是由于采办和审批程序效率低下，只有极少数情况是私人部门未按合同交付造成的。①

　　总的来说，德国联邦国防军在阿富汗、巴尔干地区、刚果民主共和国以及其他地方采取的军事行动已向德国政府凸显出对一个更具战略性、连贯的国防工业政策的需求，这个政策要将德国国防工业作为总体军事活动的一部分。然而，德国联邦国防军的原则、架构和进程并未充分反映这一理念。

　　从承包商保障军事行动融入德国联邦国防军计划、军事行动的角度来讲，这一点尤为明显，与英国和美国的同等方法相比，仍有待极大发展。德国联邦国防军目前仍缺乏一个全面的承包商保障军事行动准则。然而联邦国防军的各种规定性文件，包括《TK 后勤》、《TK 房屋使用》和《TK 装料操作（Betriebsstoffversorgung）》强调了很多与承包商保障军事行动相关的内容。此外，2008 年军队后勤总指挥库尔特·赫尔穆特·西伯尔（Kurt Helmut Schiebold）提出了题为《对军队作战后勤的民用后勤保障内容》（*Aspects of Civil Logistical Support for the Army's Operational Logistics*）的立场文件，描述了在后勤领域与承包商保障军事行动有关的一般性挑战。②

　　此外，2004 年"德国联邦国防军和工业部门"后勤工作组发布了"在德意志联邦共和国之外的军事行动及演习背景下德国工业部门与联邦国防军合作指南"。③ 其目标是为承包商提供战场环境中特定军事行动框架的基本信息。指南所覆盖的主要内容包括工作时间、运输职责、餐饮和装备以及在危机地区部署员工的清单。但由于该文件

55

---

①　作者对高级政府官员的采访。

②　Kurt Helmut Schiebold, "Aspekte ziviler logistischer Unterstützung für die Einsatzlogistik des Heeres", position paper, Bundeswehr, May 2008.

③　Arbeitskreis Logistik Bundeswehr und Wirtschaft, "Leitfaden für die Kooperation der deutschen Industrie und der gewerblichen Wirtschaft mit der Bundeswehr im Zusammenhang mit Einsätzen und übungen außerhalb der Bundesrepublik Deutschland", 22 April 2004.

不具备法律效力，因此它并不能代替全面的承包商保障军事行动准则。

　　承包商在军事行动之前就参与到德国联邦国防军计划架构和程序中的做法同样也是不成熟的。联邦国防军尚未在工业部门与负责联邦国防军所有军事行动计划的联合作战司令部（Joint Operations Command, Einsatzführungskommando）之间建立起长期、制度化的合作关系。德国目前没有一种相当于英国后勤承包商（CONLOG）合同或美国民力增援后勤计划（Logistics Civil Augmentation Program, LOGCAP）的做法。

　　在战场环境下向德国联邦国防军提供保障的企业可以分为两类。[1]第一类由提供后勤保障的签约公司组成，包括优质餐饮服务公司（Supreme Foodservice）和德国生态公司（Ecolog）。这两家公司拥有服务于联邦国防军这个客户的大量经验。在阿富汗，它们在所有联邦国防军承包商中拥有着价值最大的合同。

　　第二类由为联邦国防军生产武器装备的制造业公司组成，包括克劳斯·玛菲·威格曼公司（Krauss-Maffei Wegmann，KMW）、莱茵金属公司（Rheinmetall）。以后者为例，它与以色列航空工业公司（Israel Aerospace Industries）合作，共同维护德国联邦国防军在阿富汗的苍鹭无人机（Heron UAV）。自国际安全援助部队（ISAF）在阿富汗的军事行动开始后，克劳斯·玛菲·威格曼公司客户服务小组中的很多成员还为德国军队在当地提供保障。

　　不仅如此，在 2004 年克劳斯·玛菲·威格曼以及 10 个中型德国公司达成了一份服务合作协议，并组建了"部署地区服务行业集团"（Service Industry Group in Deployment Areas，德语是 Industriegruppe

---

[1] 参见 Jan Stöber, *Battlefield Contracting-Die USA, Großbritannien, Frankreich und Deutschland im Vergliech*（Wiesdbade：Springer US, 2012），pp. 129 - 158。

Service im Einsatz，IGSE）。这份协议包含了服务条款，例如在德国军队或其他北约伙伴国部署军队的地区提供武器装备维修和保养工作。

总而言之，德国政府将工业部门看作德国联邦国防军在军事行动方面的重要合作伙伴。然而到目前为止，联邦国防军承包商保障军事行动准则及其合同设计并未充分体现出这一关键作用，但阿富汗军事行动确实成为德国承包商保障军事行动方法进一步发展的加速器。

小结

紧急作战需求和承包商保障军事行动均是英国、美国和德国国家防务活动的关键组成部分。这三个国家有着共同的体验，从总体上看，工业部门对军事行动需求已有效地做出了反应，并证明了自己是在战场上值得信赖的伙伴。随着军队在阿富汗重新部署的展开，英国、美国和德国均面临着识别紧急作战需求的挑战，这要求将紧急作战需求纳入到核心武器装备组合中，并有效地管理这个过程。此外，它们必须根据经验教训来改进紧急作战需求采购和服役程序。

改进承包商保障军事行动政策也是英国、美国和德国政府共同面对的挑战。如上文所示，美国在这方面已取得了显著进步——部分地将之前外包出去的职能重新转移到"内部"，而英国和德国，可以说是落后的，这不仅体现在过去它们所部署军事行动的类型、规模和数量上。

结 论

本章已明确地展示了过去十年间在防务领域内，英国、美国和德国政府对私人部门提供产品和服务以及众多训练的依赖性已大大提高了。工业部门因此成了英国、美国和德国国家防务活动中不可或缺的一部分。

在这段时间里，政府机构和武装力量在防务领域中通过与私人部门的接触获得了许多经验教训。这对政府—工业部门关系以及政府作为消费者的角色产生了深远影响。这种角色的演变并不总是以战略方式进行的，而往往取决于临时性的决定——通常是为了应对财政压力或军事行动需求。政府面临着共同的挑战：要根据防务部门中不断变化的政府—工业部门关系以及不断发展的国际战略环境，进一步提升他们作为消费者的作用。

这种作用的核心是政府要努力保持与工业部门的健康关系，并在防务市场上成为更智慧和高效的消费者。后面这项任务涉及改革国防采办架构和程序，清晰界定重要的国防工业部门，引入更客观和可靠的国防管理活动绩效指标，提高采办计划和意图的透明度，并改进承包商保障军事行动方法。

在解决这些问题的过程中，英国、美国和德国政府必须针对各自国家在防务市场中的教训，以及各国国防工业基础情况，在已有的法律、政治体系和组织文化框架下制定它们的政策。因此，即使它们通常面临着相似的挑战，但每个国家的反应却不尽相同。

对国防采办改革，三国政府都明确表示对竞争的偏爱，以确保物有所值。同样，英国的国防白皮书，美国的《更优购买力 2.0 倡议》（*Better Buying Power 2.0 Initiative*）以及德国修订后的客户产品管理系统都要求国家采购机构探讨现货采购和跨国合作的可能性，以便以高成本效益方式缩小能力差距。然而，由于许多采办项目的技术非常复杂以及防务市场的特点，某些产品只有有限数量的供应商（有时候只有一个），采办机构通常是限制竞争，而不是选择充分和公开的竞争。

此外，美国的情况已表明充分竞争对防务领域"物有所值"，对维持有能力且灵活的国防工业基础产生了负面影响，导致公司人为地低报价以赢得合同，并可能导致失利公司离开这个部门。因此，有限竞争和单一来源合同是英国、美国和德国国防采办中通常采用的方式。尤其是单一来源采购往往反映出政府倾向于严格保护本国国防工业能力，从而争取工作机会，保持核心能力，需要根据国家安全原因对采办项目进行分类，政府也会努力控制敏感技术的转移。

为更好地适应防务市场的这个重要特点，政府已修订或在更新它们的单一来源采办规则，从而能够使这些合同更恰当地配置商业风险，并使政府更有能力比较竞争投标之间的资金安排。英国最新的黄皮书（Yellow Book）阐述了未来几个月内政府的单一来源国防采办规则，就在英国即将公布它时，德国政府已在修订联邦国防军合同的法律框架中考虑了单一来源合同，尽管修订后的客户产品管理程序如何执行单一来源合同仍需拭目以待。

除了授予合同之外，英国和德国的国防采办架构正在经历着实质性变革。在德国，新近成立的国防采办机构——德国联邦国防军装备、信息技术与后勤服务办公室（Das Bundesamt für Ausrüstung, Informationstechnik und Nutzung der Bundeswehr，BAAINBw）已首次将军事人员引入到之前纯粹由文职人员组成的国防采办架构中，以确保从用户角度予以恰当考虑；在英国，政府已对其国防装备和保障机构的改革发起了一项为期一年的评估。在这个评估阶段之后，将会决定把国防装备和保障转变为政府所有、承包商经营（GOCO）的实体，还是将它以"国防装备和保障＋"的形式留在公共部门中。这些情况凸显了这些政府，如美国，已认识到在它们努力成为防务领域更聪明和有效的消费者过程中，需要改进国防采办程序——尽管可能通过不同的步骤来实现。

足以促成项目全寿命周期成功的能力是这方面的一个重要因素。它要求政府既要从系统在其生命周期内运作的总成本，也要从它在进入服役之后实际的有效性、可靠性和可获得性方面进行全生命周期的

58

考量。为实现这一点，需要有效的、分部门的项目全寿命周期控制系统。而毫无疑问的是，无论是英国、美国，还是德国到目前都无法完全建立起这样一个系统，尽管已取得了一些进展，例如德国修订了客户产品管理系统，它要求提出计划者说明对预采办项目全寿命周期成本的估计情况。

此外，独立的审查机构，如英国的国家审计署、美国的政府审计总署（GAO）和德国的联邦审计局是衡量政府在防务方面作为消费者成功与否的关键机构。英国国家审计署和美国政府审计总署的报告通常是可公开获取并被广泛讨论的，但是德国联邦审计局的大部分报告仍未引起德国公众的广泛关注。然而，尽管现有报告体现了对工业部门按时、按预算交付的能力有了更深入的理解，但它们通常没有给出有关产品运行成功的充足信息，甚至有时候根本没有提供任何信息，因此限制了它们对政府努力成为信息灵通并因而更聪明的消费者所做的贡献。

当政府决定向海外军事行动部署武装力量时，它作为防务领域聪明、有效的消费者去行动的能力就尤为重要了。所有这三个国家的政府都已建立了应对紧急作战需求的采办机制。英国、美国和德国的所有经验表明，工业部门对这些需求已做出了灵活反应，证明了它们是政府可靠的合作伙伴。

不仅如此，改进承包商保障军事行动政策被视为英国、美国和德国政府面临的共同挑战，尽管由于之前所部署军事行动的类型、范围和次数不同，它们各自的起点也是不同的。美国在伊拉克和阿富汗的军事行动很大程度上依赖于承包商。在伊拉克和阿富汗，在独立的战时合同委员会（Commission on Wartime Contracting）的支持下，最终重新整合了之前外包出去的职能，如承包商管理，美国的承包商保障军事行动政策达到了高度成熟的程度。

虽然英国在其承包商保障军事行动方法上也已取得了实质性进

展，引入了新的政策和系统来监督承包商的活动，但显然还是需要更有经验的、拥有渊博的承包商保障军事行动知识和管理技能的采办人员。德国的情况也是如此。尽管德国对承包商的依赖性低于英国和美国，但是私人部门仍必须被视为德国联邦国防军在军事行动中至关重要的合作伙伴。然而到目前为止，德国的规定、架构和程序没有充分反映出这一关键作用。在未来的德国军事行动中，承包商发挥更为重要的作用是非常可能的，因此德国的承包商保障军事行动政策需要赶上英国和美国的水平。

　　最后，本章强调，对政府而言，在防务领域要确保一种健康的政府—工业部门关系，就必须在防务市场中清楚地表明其作为消费者的意图和计划。公司需要一定程度的可预测性，从而对其未来在国防部门中的定位和商业可行性做出明智决策。特别是，政府必须明确告知哪些是它们认为必须在本国内保持核心国防工业能力的领域，以及哪些是它们认为"政府本来的职能"，因此不适合由私人部门承担。

　　美国政府已非常积极地建立起一套概念性政策文件的多层次架构，向公众和工业部门告知其意图和计划。而且，美国已或多或少地明确阐述了它对核心国防工业能力的理解，并详细定义了"政府本来的职能"。作为防务领域的消费者，美国政府具有从其安全和国防工业政策方面进行战略思考的成熟能力，它了解工业部门对这样的信息和明晰性的需要，这尤其是因为美国国防工业的整合程度远高于英国和德国。

　　在英国，政府最近已认识到"政府本来的职能"一词与其在 2013 年 6 月关于更好的国防采办白皮书中对国防采办的更广泛讨论有关。[①]但是，除了在一次采办演讲中介绍过这个术语之外，政府尚未解释这 60

---

① Ministry of Defence, *Better Defence Acquisition*: *Improving How We Procure and Support Defence Equipment*, Cm 8626 (London: The Stationery Office, June 2013), para. 38, https://www.gov. uk/government/uploads/system/uploads/attachment_ data/file/206032/20130610_ WP_ Better_ Def_ Acquisition_ screen_ final. pdf, 2013 年 10 月 10 日访问。

对具体的外包决策到底意味着什么。此外，目前英国政府还没有以政策文件的形式，从概念上确定什么是它所认为的核心国防工业领域。然而，现有的合同安排隐含地指向了这些领域，这些合同包括复杂武器小组以及就核反应和潜水艇工作授予国内企业的合同。

可以肯定的是，德国过去在防务领域并没有一种一贯支持清晰、透明地交流政策计划和意图的组织文化。德国既没有一个要优先发展的核心国防工业能力名单，也没有关于"政府本来的职能"的唯一、准确定义。然而，德国政府似乎已意识到这种战略方面的差距，并正在解决。德国国防部也正在制定德国国防工业战略，联邦国防军新的一体化规划流程（Integrated Planning Process）可能会为更实际地优先发展核心国防工业能力提供一个机遇。

总之，这样说似乎是合情合理的，即英国、美国和德国政府同样都意识到了必须要不断提升它们在防务市场中作为消费者的作用，从而确保纳税人的钱是物有所值的，确保为支持国防活动提供高质量的装备与服务。从"消费者角色"的角度看，这些国家的政策或多或少都是一致的，仅存的微小差异反映了各国各自不同的情况。

因此，政府作为消费者的角色看上去并未严重阻碍防务企业有效益和有效率运营的能力。也未造成防务协作与合作项目的根本性摩擦，尽管有迹象表明，对本国国防工业的保护——如通过设置国内企业的单一来源合同，是在这方面起阻碍作用的因素。

美国作为一个消费者对工业部门具有自然的吸引力，因为这个国家已建立起成熟的、概念性的安全与国防工业政策框架。因此，美国政府有能力使工业部门充分了解其意图与规划，以及美国国防装备预算的规模。然而，本章也指出，英国和德国政府正努力弥补它们发挥消费者作用的不足之处，以便在防务领域维持健康的政府—工业部门关系，由此鼓励企业继续并进一步投资于欧洲防务市场。

第三章　政府—国防工业关系：政府
作为资助者

　　上一章考察了现代国家作为国防工业消费者的概念，特别是提出了具有某种商业性质的"消费者—供应商"关系。本章将界定政府作为商业部门资助者或"推动者"的概念，这些商业部门恰好是它获得防务装备、物资和服务的来源。① 讨论重点的差异隐含着政府和防务企业之间的互相依赖超越了市场中的传统互动关系，这强化了第一章和第二章所提出的观点，即政府—国防工业关系是复杂的，并受到相互矛盾的因素的影响。② 事实上，政府发现资助其工业基础中的这一部分是值得的，甚至是必需的，这种感觉意味着政府和工业部门之间的关系超越了商业或管理范畴。在多大程度上这是事实，目的是什么，本章将对此进行探讨。

　　这里所关注的是在一国疆域内运营的国防工业基础，包括生产武器装备和消耗品的公司，以及那些为军队提供服务的公司，记住这一点很重要。当然，"资助者"概念有别于"消费者"概念。然而，正是防务市场自身的特点导致分析家和决策者在试图理解政府和工业部门之间的关系时，得出了除"消费者"以外的结论。只有一个消费者

---

① 对"资助者"，作者仅仅是指通过制定特定的政策、程序和活动，政府承诺或以其他方式支持并促进国防工业发展。

② 参见 James F. Nagle, *A History of Government Contracting* (Washington, DC: George Washington University Press, 1999)。

62 （政府），有限的供应商和有限信息阻碍了完美市场机制的运行，防务活动致命性的特点使它不同于其他市场，甚至也不同于那些政府可能是主要参与者的市场。①

因此，政府对国防工业的资助关系所聚焦的职能是保护、促进并支持私人部门中的组织，并通过它们提供产品、服务、物资和专业技能获得保障军队的能力与技能。② 当然，它还可能关注确保相比于国际竞争企业的竞争优势。这种资助关系通过政府出资以及国家层面对国防工业活动的支持来实现，并因此使所涉及企业更有信心去筹集资金和进行投资。此外，很重要的是，金融市场和其他利益相关者能够确信，这些公司作为国家防务至关重要的组成部分是健康的，且能够长期生存发展，因为它们服务于政府，但并不隶属于政府。

本章将探讨政府资助的条件以及政府实施资助的机制，然后考虑这种做法对政府和企业的影响，因为这是谁资助谁的问题。

国家间资助关系的差异

对国防进行资助的条件是不同的，但是大多数研究文献指出了许多共同特点和考虑因素。③ 这其中首先是认识到政府与防务和国家安

---

① 从历史视角对这个观点的讨论，参见 Merton J Peck and Frederic M Scherer, *The Weapons Acquisition Process*: *An Economic Analysis* (Cambridge, MA: Harvard University Press, 1962)。还可参见 Eugene Gholz, Harvey Sapolsky and Caitlin Talmadge, *U. S. Defence Politics*: *The Origins of Security Policy* (New York, NY: Routledge, 2008)。

② 参见 Terrence R Guay, *Globalization and Its Implications the Defence Industrial Base* (Carlisle, PA: Strategic Studies Institute, US Army War College, February 2007)。

③ 对在政府财政紧缩时期，防务与安全问题复杂性的一般讨论，参见 Michael Codner and Michael Clarke (eds), *A Question of Security*: *The British Defence Review in an Age of Austerity* (London: I B Tauris, 2011)。还可参见 Mark Abramson and Roland Harris, *The Procurement Revolution* (Lanham, MD: Rowman and Littlefield, 2003)。Ethan B Kapstein, *The Political Economy of National Security*: *A Global Perspective* (Columbia, SC: University of South Carolina Press, 1991)，是一个很好的各国情况比较研究。

全公司之间的关系是交易型的。以美国为例，众所周知，美国的防务是笔大生意。国防部（Department of Defense，DoD）每年要就价值超过4500亿美元的商品和服务订立合同，每年要处理超过1400万张的商业发票。① 国防总分类账每年由将近6000万笔交易构成，表明政府同其防务供应商之间的关系是非常密切、高度系统化和制度化的。② 这个已建立的金融和会计基本架构是这种类型资助关系的关键要素之一，也是一个主要条件，同文化、承诺和机制一样是处理如此大量交易所必需的。③

美国《联邦采购条例》（Federal Acquisition Regulation，FAR）规定了实施和监督这些交易的方式，使任何一家希望同国防部做生意的公司都必须遵循这些具体规则，这是非常重要的。然而，经济学家自然会意识到即使是完美的市场也会有正式和非正式的规则制约着买方与卖方的约定。尽管如此重要，这种为防务部门定制的基本交易架构因此成为国家资助关系的职责或实践，而不是其存在的理由。相反，除交易层面之外，政府对国防工业基础的资助还有许多独特的动因，都是需要考虑的。

在德国，值得注意的是，对国防工业的资助可被区分为两种完全不同的类型（见图3）：非针对国防的政策，旨在为企业提供一个有利的政治、经济和社会环境；针对国防的政策，要解决国防工业基础的特殊需求，以促使它成为在商业上可行的部门。每一种类型中都包含了大量政策，它们或直接或间接地影响了德国的国防工业基础及其与政府的关系。

---

① GAO, *Defense Acquisitions: Assessments of Selected Weapon Programs*, GAO - 07 - 406SP（Washington, DC: GAO, March 2007）.

② 参见 Department of Defense, "Quadrennial Defense Review Report", February 2006。

③ 参见 GAO, *Defense Acquisitions: Assessments of Selected Weapon Programs*, GAO - 08 - 467SP（Washington, DC: GAO, March 2008）.

此外，在德国和英国，推动国家国防工业基础发展的许多动因存在于政府直接发挥影响的范围之外，或是因为法律责任落在其他可能反对甚至敌视政府影响的利益相关者身上，或是因为这些因素体现了高度复杂的社会过程，无法通过政府政策对其施加影响，强调这一点很重要。然而，如果这两类国防工业资助政策相互结合并得到了连贯应用，就能为政府提供强有力的工具来支持防务市场的运转，支持其国内国防工业的健康发展，并最终支持其持久的防务活动。

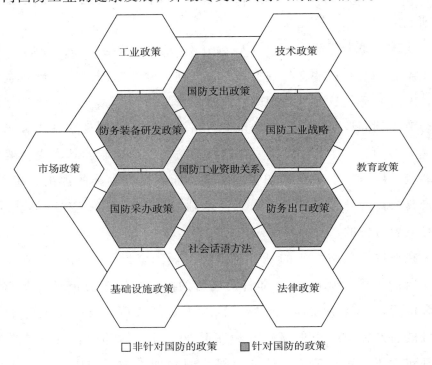

图3　国防工业资助关系组成要素

资料来源：本文作者，2013 年。

这是一幅整齐的防务"镶拼图"，意味着所有的元素融为连贯、有逻辑的整体。现实却更复杂。这种复杂性，政府与国防工业之间的互相依赖性，以及数量庞大的交易，都是一直出现在各种政府资助模式中的主题，这些模式包括研究与开发（R&D）实践、采办政策、

> 资料5
>
> ## 什么因素使得一家企业成为"英国的"？
>
> 65
>
> 这篇白厅报告的引言部分对界定国防工业部门的挑战性进行了探讨，但在这里仍有必要探究一下，一家企业被认定是"英国的"所必需的要素有哪些。
>
> 存在几种不同形式但具有重要意义的企业。有些是设立在英国的私有企业，例如位于剑桥的马歇尔航空公司（Marshall）和马丁·贝克（Martin-Baker）公司。也有跨国合资企业，其中欧洲导弹集团（MBDA）是最重要的公司。也有国营公司，其总部设在英国并在伦敦证券交易所（London Stock Exchange）上市，英国公民和机构拥有大部分股权。然而，这样的企业可能也有外国大股东，2002年，政府解除了对劳斯莱斯（Rolls-Royce）和英国宇航系统公司外资所有权比例的限制，尽管仍保留了单个外国股东不能持有该公司15%以上股份的规定。从理论和实践角度看，尽管在需要确定任何持有全部股份中超过特定比例股份的股东时，可以应用普通的国家规则，但外国主权财富基金可以持有防务企业的股份。最后，还有一类是外国企业的英国子公司。后者在冷战结束之前可以忽略不计，但是自从冷战结束后，欧洲和美国企业对英国的国防设施进行了大规模投资。虽然英国宇航系统公司迄今为止仍是英国国防部最大的供应商，但在英国排名第二的防务公司是芬梅卡尼卡（Finmeccanica）和泰利斯（Thales）。
>
> 在2002年的《国防工业政策》（Defence Industrial Policy）文件中，政府既鼓励外资进一步在英国进行防务投资，又认可现实，宣称任何为工业部门增加了巨大价值的企业都将被政府以英国公司来对待。其关键结论之一是："英国国防工业欢迎所有那些在英国创造价值、就业、技术和知识资产的防务供应商。这包括英国本国的和外资所有的公司。"

进口和出口政策，以及国防工业战略，这些在下文中有所讨论。正因如此，这更像一个多维度、多学科的拼图游戏，其中每一块都不是自然地组合在一起，也没有指导图帮助完成组合。所以政府必须尽其所能以最好的方式做出回应，而国家之间不可避免地存在着差异。例如，资料 5 简要考察了英国政府的反应。

在某种程度上，由于防务与国家安全是一个高科技领域，政府在保证技术研究与开发应用于军事用途方面是非常重要的。国家在国防采办中的偏好也是如此，例如，政府倾向于选择它们支持的公司签订合同或发展商业能力。工业部门参与国家事务的观念——与税收和国家投资有关的政策，也能反映出政府资助关系的某些情况。政府与企业之间的伙伴关系可作为资助的一种功能，这一现代化概念是非常重要的。在此情况下，政府显示出对特定公司具有特别的偏好（可能在竞争之后），会就提供武器装备或服务授予一份进行长期合作的合同，这通常以可获得性或产出情况为基础。此外，分析人士往往认为政府支持出口是政府偏爱或资助本土企业的一个显而易见的例证，这与如何对待那些在其他国家注册的企业形成了对比。这些全都是重要的议题，将在下面的"研究与发展"、"国防采办"、"进口与出口"以及"国防工业战略"的标题下进行阐述。

研究与发展

战争就是要利用超越于敌人的优势。这种优势往往是技术上的。因此，需要进行研发（R&D）以确保技术优势是并将一直是防务领域的中心议题之一。[1]

---

[1] 参见 National Research Council of the National Academies, *Science and Security in a Post-9/11 World* (Washington, DC: National Academies Press, 2007)。

美国研发规模

美国在这方面超越了世界上其他任何一个国家，从历史上看，它一贯主张军事研发会带来声誉、行动以及权力话语方面的好处。因此，联邦政府的研发投资是政府资助美国工业基础的主要支柱。事实上，在 20 世纪的大部分时期——经历了第二次世界大战、冷战以及不对称的反恐战争及其他战争，迄今为止，美国的国家安全和防务战略建立在发展、之后保持相对于潜在对手及盟友的巨大技术优势这个观念之上。例如，在冷战期间，历届美国政府理智地决定，通过投资于技术来抵消苏联在军事人力方面的所谓优势。[①] 甚至在今天，根据 2010 年的数据，中国作为美国在地缘政治方面的新竞争者，拥有 2285000 名训练有素的现役男性和女性军事人员，美国有 1563996 名兵力。然而美国在其军事部门的支出高达 7128 亿美元，相比之下中国只有 983.6 亿美元，这表明美国仍热衷于拥有一支高度技术性的军队，强调通过有效的研发投资来实现。[②] 因此，美国的政策公开表明要发展先进技术，要求政府对这些技术在未来能够或应当如何运用以及被谁运用具有良好的意识。美国的科研及应用研究因此不仅是高度技术化和科学化的，而且深深植根于社会科学中——包括甚至更现代化的学术领域，例如商业研究和新媒体，因为水平扫描（horizon-scanning）和未来军事行动环境的概念变得越来越重要。简而言之，当技术及其使用在全球范围快速扩散时，无论是出于进攻还是防守目的，美国都敏锐地处于转型趋势的前沿，以确保它的安全以及

67

---

① 参见 Jacques S Gansler, *Democracy's Arsenal: Creating a Twenty-First-Century Defense Industry*（Cambridge, MA: MIT Press, 2011），p. 245。还可参见 Paul Bracken, *Technological Innovation in National Security*（Philadelphia, PA: Foreign Policy Research Institute, 2008）。

② 参见 International Institute for Strategic Studies, *The Military Balance* 2011（London: Routledge, 2011）。

它的市场和供应商的安全。这在某种程度上强调了美国政府要对私人部门的研发进行投资——这是美国政府资助其国防工业的基石。

这种投资的规模确实令人震惊。在美国，研究、发展、测试与评估任务订单协议每年大约有 700 亿美元，大约为年度国防预算的十分之一。① 这大约是中国全部国防预算的规模，比英国的预算还多 100 亿美元。事实上，在美国用以保持技术优势的研究和发展蕴含着巨大商机，显然是在政府家长式作风的推动下为其工业基础提供的机会。

自第二次世界大战结束以来，美国的工业部门已承担了国防部资助研发活动的 70% 左右，而由政府直接资助的实验室承担了约 25%，美国大学承担了约 5%。② 同样的，至少基于原始数据看，政府直接资助工业部门，通常是国防企业，以便它们可以承担其绝大多数的研究工作。此外，正如前一部分所讨论的，与商业部门不同，防务市场的特点是只有单一购买者——政府，在军事能力的每一个关键领域存在少数几个根基深厚的供应商。事实上，考虑到政府在防务领域确保并维持技术优势的目标，它必须承担起独一无二的具前瞻性和塑造力的角色。在政府对国防研发的资助中，它意识到根本问题在于大多数企业无法仅在未来政府可能会愿意购买其产品的期望之下，依靠自己股东的资金支付研发活动数十亿美元的花费。对公司而言，失败的风险太大以至于不能以这样的方式做出投资。所以，为了使工业部门参与到高技术、高风险武器系统的研究、发展和生产中，政府不得不既资助初期研究和技术发展应用，这有时是在竞争之后，也资助包括生

---

① 根据国防部副部长办公室（主计长）［Office of the Under Secretary of Defense（Comptroller）］2005 年 4 月对美国 2006～2007 财政年度国防预算的估计。参见 Gansler, *Democracy's Arsenal*, p. 254。

② 参见 National Research Council of the National Academies, *Beyond Fortress America: National Security Controls on Science and Technology in a Globalized World*（Washington, DC: National Academies Press, 2009）。

产、在军事上使用、全寿命保障安排和最终报废在内的高风险发展项
目。然而，这要从政府承诺对研究进行投入开始，因为在资金约束和
财政制约因素下运行的企业，无法自己负担这些资金。美国比任何国
家更好地认识到了这一点。

　　在美国，强大的经济体、政府对国家安全的支出、国防研发投资、
国防技术向商业世界和非防务市场的溢出之间是相互关联且相互依
赖的。例如，美国空军对电子数值积分计算机（Electronic Numerical
Integrator and Computer，ENIAC）的资助可以追溯至 1945 年，它是世
界上最早的电子数字计算机之一。自那时起，国防部就成了计算机行
业技术进步的主要资助者和投资方。同时，它资助的软件开发和生产
已取得了重大进步，以至于联合攻击战斗机（Joint Strike Fighter，
JSF）全部发展成本的 50% 以上都与软件设计和开发有关。国防高级
研究计划局（DARPA）以自 1974 年开始开发自己的虚拟网络而著
称，这对互联网的发展做出了巨大贡献。全球定位系统（GPS）、半
导体、喷气式引擎、冷却剂、核能力、冻干食品和标准集装箱的发展
也都是在高度现代化的近一段时期内，能够凸显美国国防研发对民用
商业创新和产品做出重要贡献的例子，以上种种不仅有助于推动美国
经济，而且可以推动世界经济的增长与发展。

　　然而，尽管具有这么广泛的经济利益，但由于市场的基本特点
会削弱要求商业企业进行投资的规模、价值、深度和广度，美国政
府不得不资助防务和国家安全研发。如果美国想要实施它在防务领
域保持其技术优势的核心政策，政府就必须介入。因此，如果要实
现这一战略性结果，从本质上讲，国防部投资于研发活动有三个核
心目标。第一，国防部必须刺激创新。第二，政府必须避免意外。
第三，作为成功实现前两个目标之后达到的一个高峰，美国必须领
先于其他国家。

美国在刺激技术创新方面做得非常好，它是自由市场经济的捍卫者，是研究的政府出资者，而且还可能是从事研究的佼佼者，这好像是相互矛盾的。1982 年的《小企业创新发展法案》（*Small Business Innovation Development Act*）已从一个每年 500 万美元的中小企业（SME）发展计划成长为一个 20 亿美元的联邦政府项目，其中超过一半的资金流向了美国国防部门中的小型企业。国防部还在美国的大学里资助了超过 35% 的计算机科学和数学基础研究，以及超过 30% 的本科和研究生层次的基础工程研究。[①] 因此，政府既是教育机构研究活动的资助者，也是更小型的、利基企业研究活动的资助者。在美国，许多这样的企业和研究活动构成了大型防务工业主承包商和集成商价值链的一部分。通过投资来刺激创新和解决技术问题，美国政府已能部分地将复杂且长期的国防采办周期与相对较短的现代技术发展周期相匹配，由此正如它所希望的那样，保持着美国的技术霸权。

1958 年，美国在国防部内成立了国防高级研究计划局，它主要负责在美国围绕国家安全开展研发项目，以确保首先将高端技术应用于军事和国防目的，并积极阻断来自已确认的和潜在的未来对手的技术突袭。目前，这个机构并没有自己的实验室，但大约每年有 30 亿美元的预算用来资助工业部门和大学项目。[②] 它是联邦研发项目的补充，这些研发项目涉及全部研究过程中的单个服务和工作，从水平扫描和初始科学到生成集成技术解决方案。有趣且重要的是，国防高级研究计划局没有把其工作建立在对所认定客户需求给出回应的基础上，因为几乎没有人能够拥有这样的技能——在看见、经历过且概念

---

① 参见 David Mowery, *Military R&D and Innovation*（Berkeley, CA: University of California Press, 2008），p. 19。

② 参见 Department of Defense, "Annual Industrial Capabilities Report to Congress", March 2008。

化之前就考虑好需要的是什么。相反，通过关注"如果是"而不是国防需要的"是什么"，该机构可以努力避免军事和技术突袭。

美国保持领先于其已知和潜在竞争对手（并且事实上，甚至是友国）的地位对美国政治家和军事领导人来说是重要的。在第二次世界大战之后的一段时期内，通过大规模且持续的研发投资，美国有能够超越其他国家的技术雄心。事实上，在整个冷战时期，美国在技术发展方面的投资比整个欧洲的总和还要多。[①] 当然，今天美国依然享有巨大的预算优势。

然而，与冷战期间两极化的国际体系相比，全球化世界的一个显著特点就是追平技术领先，在中长期削弱美国的比较优势。[②] 而且，高度便捷的国际资金来源以及熟练劳动力的流动将会考验美国中短期的主导地位，在某种程度上国防高级研究计划局认为，保持领先且地位稳固是美国面临的最大挑战，而且这是一个部分地不受已有投资水平影响的挑战。因此，国防部正在开发流程和协议，以便通过长期合作伙伴关系协议和联盟关系能够更为先进地追踪并获取商业领域及美国以外的研发情况，这些将在本章后面的部分进行探讨。在全球化浪潮下，研发的发展方向是互相依存而不是彼此独立。在技术变得便携、信息可以传递而且系统之间相互依赖的情况下，尽管有着巨大的投资，但如何才能保持领先的问题依然是美国决策者必须要把握的。

到目前为止的讨论清晰表明，为防务与国家安全方面的研发提供资金是美国一项长期的政策承诺，是政府持续资助国防与国家安全工业基础的关键组成部分。当然还有其他问题在下面会讨论到，但是美

---

① Jacques S Gansler, *Democracy's Arsenal：Creating a Twenty-First Century Defence Industry* (Cambridge, MA：MIT Press, 2011), p. 268.

② 原文中未给出该脚注内容——译者注。

国对研发管理工作负有责任的重要性不应被轻描淡写。认识到这个议题是政府资助国防工业概念的中心问题后，也必须要讨论与美国相比，英国和德国如何对待这个问题了。

英国寒酸的国防研发

英国政府有着通过资助研究活动来帮助其工业部门发展的长期传统，这样做的结果是它们找到了支持工业部门的方法，并有助于为新项目提供知识基础。研究与发展之间的区别可能是难以捉摸的，但从本质上讲，研究支出所涉及的项目虽然与特定系统无关，却通常涉及单个材料或组件层次的科学工作；然而发展则与之相对，是对具体计划或项目的科学或技术性贡献。

英国没有把国防研究视为一般意义上为产业部门提供支持的一种隐秘方式。的确，英国一直试图将防务资金集中于对国防具有特定意义的领域，而对其他领域并不重视。由于资金的利己主义性质，英国国防部（MoD）总是想要私人部门在研究上投入更多自有资金，然而，它也意识到对董事会来说，要表明这种支出是合理的可能并不容易，因为如果一种产品要产生回报，或许需要十五年或更久。防务装备只有一家英国消费者，如果这个消费者对某个具体产品不感兴趣，海外销售的机会就会很渺茫。因此，国防部已认识到，在那些私人部门做出重大投资可能性非常有限的领域，它需要投入自己的资金。

在资源压力不断加大的情况下表现良好，而同时获得的国防预算资金比例在稳步下降，研究并不是这样的一个防务领域。表6呈现的数据摘录自《2011年国防统计》（*Defence Statistics* 2011）中的表1.3和表1.7，它们由国防部自己的国防分析服务处（Defence Analytical Services Agency, DASA）给出，涵盖了英国使用所谓"资源会计与预算制"（Resource Accounting and Budgeting）的时期，这个制度是政府使用的相当于商业领域权责发生制的会计原则。^① 它对资本支出和其他资源（例如劳动力和消耗品）支出做了明确区分，后者的价值会很快被使用掉。

表7摘自国防分析服务处《2011年国防统计》中的表1.5，它表明国防部的国防科技实验室（Defence Science and Technology Laboratory，DSTL）并未涉及资本支出。

表6　英国国防部的研究支出（百万英镑，2013年价格）

	2004～2005 年	占国防支出的百分比	2009～2010 年	占国防支出的百分比
国防支出到货量	32515	100.00%	40246	100.00%
净研究支出	524	1.61%	575	1.43%
国防部内部支出	141	0.43%	166	0.41%
外部支出	383	1.18%	409	1.02%

资料来源：DASA, *Defence Statistics 2011*。

表7　2004～2010 年顶层研究预算支出分配

	2004～2005 年		2009～2010 年	
	总计（百万英镑）	科学、创新、技术（百万英镑及占国防支出的百分比）	总计（百万英镑）	科学、创新、技术（百万英镑及占国防支出的百分比）
对资源1的需求：提供国防能力	37211	506（1.36%）	43429	466（1.07%）
国防支出资源限额	30860	506（1.64%）	35890	466（1.30%）
国防支出资本限额	6351	0（0.00%）	7539	0（0.00%）

资料来源：DASA, *Defence Statistics 2011*。

---

① 权责发生制会计准则在20世纪90年代被引入，代替了收付实现制（cash accounting），是英国新公共治理改革的一部分。参见 Bill Kincaid, *Dancing with the Dinosaur: How to Do Business with MoD in the Smart Procurement World*（Newcastle-upon-Tyne：UK Defence Forum, 1999）。

72   研究支出的减少似乎没有反映出是受到了任何政策决定的影响。当资金短缺时，研究是容易受到影响的，因为相关投入确实能产生结果并不容易，也因如此，许多这样的活动都没有签订长期合同。

国防部资助的研究不应被完全看作对工业部门的支持。事实上，在工党政府执政期间（1997～2010年），大部分资金用于提供切实的建议，特别是帮助国防部制定既急需又可行的情报需求。在这段时间内，英国努力分析研究支出的不同收益与产出，并给每一项分配一定比例的资金。2004年，国家审计署（National Audit Office，NAO）发布了"七类产出"表格（表8），该表格用到了国防部提供的信息。尽管分配比例显得有些随意，甚至是凭空想象出来的，但作为一种识别国防部在哪些领域需要（现在仍需要）先进技术的途径，这个表格非常有用，正如它所显示的那样，即使是在2004年，国防部认为大约只有五分之一的研究支出是直接对工业部门有好处的。

另一份相关出版物是2006年关于国防技术战略（Defence Technology Strategy，DTS）的白皮书，它是对2005年《国防工业战略》（*Defence Industrial Strategy*）白皮书的补充。[①] 这份白皮书引用了这样一个发现，即一国的军事装备质量反映了其研发支出水平。该白皮书从总体上更多定位于了解工业部门需求的要求，以便开发和生产尖端装备。它强调工业部门应在研究上投入更多自有资金，并通过国防部清晰表述其某些需要优先考虑的需求，努力降低工业部门研究投资风险。国防技术战略并未对实施该战略所需的国防部资金进行估算，它是由当时负责国防采办的部长德雷森勋爵（Lord Drayson）提

① MoD, "Defence Technology Strategy for the Demands of the 21st Century", 2006, http://www. science. mod. uk/modwww/content/dts_ complete. pdf, 2013年10月10日访问。

出的。据报道称，在一些不愿意推进其想法的人士阻挠下，德雷森勋爵在这不久之后就离开了政坛，而国防技术战略显然被人们抛在脑后了。

表 8　七类产出

73

种类	产出	描述	产出所有者	占支出的比例（％）
建议	1. 热点话题	就战略和政治敏感问题为部长和关键决策者提供的专家科学建议	首席科学顾问	3
	2. 政策和计划	为政策和决策者提供的科学建议和分析支持	政策负责人	0.5
	3. 能力管理	对装备能力计划和管理提供专家建议，例如作战分析	国防副总参谋长（装备能力）	51
	4. 可获得性	为国防部和军队提供科学建议以支持更广泛的活动，例如采办	科学和技术主管	9
	5. 技术意识	技术观察活动，以确保获得全球技术基础，并解释及交流对防务的影响	科学和技术主管	13
技术	6. 供应商基础的技术	以确保从英国国防供应商基础中获得合适的技术以满足英国的国防需求	国防采办机构的副总裁	14
	7. 创新型解决方案	鼓励探索创新型解决方案以创造新的或更好的军事人员装备能力	国防副总参谋长（装备能力）	6
	其他			3.5

注：对国防部来说，"'技术'产出的目标成果就是产生技术、系统或解决方案。'建议'产出的目标成果就是告知一个决策的制定过程"。

资料来源：National Audit Office, Ministry of Defence: *The Management of Science and Technology*, Report by the Comptroller and Auditor General, 10 March 2004, p. 9。

国防技术战略的有限影响并不意味着它缺乏研究活动的优先排序标准。人们已认识到英国有三个重要的工业部门具有战略意义，而且通过它们提供所需的设计、开发、生产、测试并支持实用有效系统的能力，这些系统包括核武器、潜艇交付平台和"复杂武器"，即制导导弹。虽然每一个部门都需要以特殊方式对待，但人们认识到所有部门都需要一定数量的研究资金，或者更确切地说，需要前期项目资金。也有一些迹象表明，但目前还没有确认，政府准备支持英国工业部门的可持续能力，以便为在机身和飞机推进系统领域中的合作项目做出重大贡献。最后，英国认识到它必须对一些重要但在利基领域中的研究进行资助，特别是化学和生物武器防御，以及越来越重要的网络能力。

国防部长期以来通过一项政策来承诺促进防务领域内中小型企业的发展，把它们作为创新和灵活性的来源，尽管没有立法要求将特定数量或比例的合同授予这些企业。自 2005 年左右开始，应对在伊拉克及之后在阿富汗的军事行动挑战，还出现了对新解决方案的需求。英国防务企业中心（Centre for Defence Enterprise，CDE）计划是由工党政府发起，并得到其继任政府持续支持的一项倡议。防务企业中心于 2008 年成立，负责分配小规模国防部资金（在该计划下 100 万英镑是一笔大额拨款）来回应研究建议，特别是来自中小型企业的那些。防务企业中心的突出特点是申请程序简单明确，并承诺迅速回应做出决定。它旨在"鼓励快速交付前沿研究和发展以支持前线军事行动。自那时起，它已提供了超过 2350 万英镑的资金，其中 43% 流向了中小型企业"。① 防务企业中心近期将其第 500 份合同交给了 ITSUS，这是一家小型威尔士公司，它将获得 104000 英镑的资金以考察改进现有军事行动信息技术（IT）网络系统的

---

① MoD, "Innovation on Show from the Centre for Defence Enterprise", 28 March 2012, http://www.mod.uk/DefenceInternet/DefenceNews/EquipmentAndLogistics/InnovationOnShowFromTheCentreForDefenceEnterprise.htm, 2013 年 10 月 10 日访问；还可参见英国防务企业中心网站，http://www.science.mod.uk/engagement/enterprise.aspx, 2013 年 10 月 10 日访问。

方式。

尽管在英国防务部门还存在着某些对"死亡之谷"的普遍担忧，但防务企业中心还提供营销支持来帮助公司将它们的业务扩展至可使用的产品上。在这种情况下，如果研究资助结束但缺乏发展资助，就意味着新的知识没有被利用。

国防部的目标是通过说服工业部门和其他部门将自有资金投入项目中，使其自己的研究资助走得更远。显然，这是研究资助的一个方面，不能被看作对工业部门资助关系的一部分。这种联合投资方法在国防技术中心（Defence Technology Centres）是最显而易见的，在2012年就有四个：自动化系统的系统工程（Systems Engineering for Autonomous Systems）、人力因子整合（Human Factors Integration）、电磁遥感（Electro Magnetic Remote Sensing）以及数据信息融合（Data and Information Fusion）。①

尽管投入到研究中的资金有限，但这是国防活动的一个领域，引起了人们对国防工业的重大关注，工业部门清楚地知道今天有多少产品是建立在过去二十多年的研究和技术（Research-and-Technology，R&T）支出之上的。包括欧洲宇航防务集团（一个涉及英国航天、防务、安全和太空产业的贸易组织）在内的工业协会明确表示，减少这种可供将来发展的"宝贵资源"是相当令人不安的。认识到某些担忧确实如此，联合政府在其2012年《通过技术实现国家安全》（*National Security Through Technology*）白皮书中宣称，科学和技术预算不允许降低至国防预算的1.2%以下，它有意在2014～2015年之前这段时期内小幅提升这项支出。这份文件还认识到科学和技术能力对国防部能够快速对新的敌对能力做出反应的价值，这意味着科学和技

75

---

① MoD，"Defence Technology Centres"，http：//www. science. mod. uk/engagement/dtcs. aspx，2013年10月11日访问。

术支出对英国工业部门满足国防部需求具有重要作用。[①]

英国政府意识到，公司通过自己融资来开发防务装备的大型项目是不可能成为通行做法的。生产合同能够取得回报的时间太长，且技术和商业风险太高，以至于无法采用这种方式。因此，国防部认识到，它必须常规性地承担已发生的或将要发生的开发成本，且要把这一点写入合同条款。然而，正如第二章所提到的，英国政府希望公司承担固定或约定价格发展合同的风险，很少愿意采用成本加成合同，即使这种合同是对良好绩效的激励性安排，且在美国被普遍采用。

德国的方法

与武器装备有关的研发支出对一国国防工业基础的健康和可持续发展有着直接影响，这似乎是非常清楚的。然而，德国政府在国防技术研究方面的支出近年来不断下降。从 2009 年到 2012 年，这项支出下降了 15.8%，从 10970 亿欧元下降到了 9232 亿欧元。同时，德国政府民用研发支出总额提高了 17.2%，反映出政府明显偏爱民用研发。[②] 考虑到公共预算的压力，预测这种趋势会继续下去似乎是合情合理的。

76　　德国国防工业战略也必须考虑到德国政府未来进行国防研发的方式。由于划拨给国防装备相关研发的财政资源正在减少，必须要有一种前瞻性的国防研发方法。考虑到民用创新的附带利用价值以及国防创新的两用性，通过整合安全、防务和民事活动可以支持核心国防工业能力，并能确保及时将具有前沿技术的武器装备和物资部

---

① 参见例如，MoD, *National Security Through Technology*：*Technology, Equipment, and Support for UK Defence and Security*, Cm 8278（London：The Stationery Office, February 2012），第 9 页摘要第 8 段。

② Bundesministerium für Bildung und Forschung（BMBF），"Ausgaben des Bundes für Wissenschaft, Forschung und Entwicklung nach Förderbereichen und Förderschwerpunkten", http://www.datenportal.bmbf.de/portal/Tabelle－1.1.5.html, 2013 年 10 月 11 日访问。

署于战场。①

正如德国国防部（Ministry of Defence's，BMVg）2013 年部门研究规划所概括的那样，开展防务装备研发的方法旨在提供必需的科学和技术知识及能力，以做出合理、智慧及符合成本效率的采办决策，以确保及时识别威胁和新兴技术的能力潜能，生成面向未来的技术，并为防务装备采办形成系统概念。② 这些任务凸显了防务装备研发对国防工业基础的重要性。尽管联邦国防部的防务装备研发并不直接由工业部门来实施，但它是工业部门创新系统的支持者和促进者。从这个意义上说，企业和公共国防研发活动在防务领域形成了前沿技术的联合基础。

德国开展防务装备研发的方法建立在三个支柱之上：联邦机构进行的部门研究、对外部研究机构的资助以及对第三方与项目有关的研究资助。

对第二种方法而言，弗劳恩霍夫防务与安全集团（Fraunhofer Group for Defense and Security）是尤为重要的，在 2013 年国防预算对机构研究的资助中，它得到了其中的 57%，就是重要性的体现。③ 这个集团由 10 个成员机构组成，发挥着基础设施安全、人员保护、危机管理和监控方面的卓越中心（centre of excellence）作用，同时开发前沿技术以及涉及民事安全与防务的宏伟概念。④

①　关于"前沿"，作者是指与敌人所部署的能力相比，能够取得战斗胜利的技术。
②　参见 Bundesministerium der Verteidigung，"Ressortforschungsplan für 2013 ff"，26 April 2013，pp. 5 – 6，http：//www. bmvg. de/resource/resource/MzEzNTM4MmUzMyMmUzMTM1MzMyZTM2MzIzMDMwMzAzMDMwMzAzMDY4NmE3MTcyMzY3ODZmNmEyMDIwMjAyMDIw/Ressortforschungsplan% 20BMVg% 202013% 20ff. pdf，2013 年 10 月 15 日访问。
③　参见 Deutsche Bundesregierung，"Entwurf eines Gesetzes über die Feststellung des Bundeshaushaltsplans für das Haushaltsjahr 2013（Haushaltsgesetz 2013）"，Bundestags Drucksache 17/10200，10 August 2012，pp. 113 – 115。
④　Fraunhofer VVS，"Fraunhofer Verbund Verteidigungs-und Sicherheitsforschung VVS 2012/2013"，p. 2，http：//www. vvs. fraunhofer. de/fileadmin/media/vvs/Downloads/2012_ VVS_ Broschuere_ de_ online. pdf，2013 年 10 月 11 日访问。

由于可用于研发的财政资源有限，德国政府进行防务装备研发方法面对的主要挑战之一看上去并不是过度限制了在未来具有高潜在价值的长期且昂贵的研究项目，而是支持那些直观上有利于军事行动且财务风险较低的中短期研究项目所带来的直接附加价值十分有限。为了在短期、中期和长期研究之间找到平衡，并提高研究活动与德国联邦武装力量当前及未来需求的一致性，政府必须承担防务装备研究项目中一定程度的财政和技术风险，而且要清晰地与从事创新的相关人员沟通武装力量未来能力概况和军事行动环境情况。

此外，德国政府还要面对提供更多途径利用民用创新系统的挑战。这就要求，首先且最重要的是要提高对新兴民用技术的意识，更好地理解它们对防务部门的附带影响。因此，应当实行国防部及其计划、采办和研发机构与国防工业基础及相关商业部门创新体系之间交易过程的制度化。所以，这就需要对防务领域创新提供者有一个更为宽泛的理解，这是一个应当由国家公布的或紧急国防工业战略所应对的问题。

国防采办

必须将国防采办过程本身视为资助国防工业的一种手段，因为它将政府和工业部门绑定在一起。在这种情况中有两个因素特别重要：国防采办过程中的效率水平——它是目前国防采办改革的一个关键议题，以及合同授予机制设计，这是政府在授予合同时公开或隐含地用来照顾本国防务企业的方法。这两个因素对公司的商业行为以及在防务领域中长期的商业可行性都具有深远影响。

国防采办与英国

在英国，自从彼得·列文（Peter Levene）主管国防采办时期以

来，还尚未有具备这种特点的明确政策。国防部似乎急于向英国工业 78
部门强调，它将不会得到特殊对待。此外，面对《欧洲防务采办指
令》（*European Directive on Defence Procurement*），英国放弃了它的《工
业参与政策》（*Industrial Participation Policy*），甚至对欧盟之外的供应
商也是如此。相反，《通过技术实现国家安全》白皮书鼓励外国防务
企业到英国投资，而不久之后这就被贴上了政府《工业接触政策》
（*Industrial Engagement Policy*）的标签。然而，在特定情况下，就业
以及对工业部门其他方面的关注很可能在英国的决策中发挥重要作
用，在未来具体问题的决策中依然如此。

　　国防部不再公布关于英国防务进口的估计，这预示着它在准备考
虑使用外国产品方面出现了一些变化。因此，需要借助部分信息，例
如《联合国常规武器登记表》（*UN Register of Conventional Arms*）。遗
憾的是，这份登记表仅覆盖了 2007 年至 2010 年，且并未涉及重要系
统，例如运输机，没有给出价值量，总之，它包含了某些不一致的信
息。对登记表中涵盖的七类武器装备英国从美国的防务进口量，表 9
对比了美国和英国报告的情况。

表 9　2007～2010 年常规武器及英国防务进口

武器类型	美国报告的 对英国的出口	英国报告的 从美国的进口
主战坦克	–	–
装甲车	39	256
重型火炮	–	1
战斗机	3	4
武装直升机	19	15
大型水面舰船	–	–
制导导弹（不包括地对空）和无人机	973	823

资料来源：《联合国常规武器登记表》。

斯德哥尔摩国际和平研究所（SIPRI）建立了该机构自己的趋势指示值（Trend Indicator Values，TIV）体系，它记录了交付时的而不是合同约定的销售量，它衡量了军事资源的转移而不是资金的转移。以此为基础提供的数据显示，英国从更广阔的世界范围的进口，或特别是从美国的进口，并没有特定趋势。[①] 的确，自冷战结束以来，武器进口在 1991～1993 年这段时间内明显达到了顶峰。这还不包括英国在联合攻击战斗机（JSF）上的支出。[②] 然而，斯德哥尔摩国际和平研究所的数字传递出一条明确的信息，即对英国的防务出口中几乎有 80% 来自美国，来自欧洲其他北约国家和欧盟国家的仅为 17.5%。

德国的采办方式

德国的采办系统迫切需要一场根本性变革，2011 年 9 月 7 日国防部长托马斯·德·迈齐埃（Thomas de Maizière）在德国议会的一场演讲中强调了这一点：[③]

采办程序必须要有实质性改善，这已不是一个秘密了。这个程序耗时过长，延误和推迟制约了武器装备，使得这些装备可能根本不再需要，或只需要更少的数量。

修订后的采办和服役程序，即在第二章中介绍的客户产品管理

---

① "这个趋势指示值以已知的一个核心系列武器的单位生产成本为基础，意图体现军事资源的转移，而不是武器转移的资金价值。"参见 SIPRI，"Explanation of the TIV Tables"，http://www.sipri.org/databases/armstransfers/background/explanations2_default，2013 年 10 月 11 日访问。
② 作者感谢斯德哥尔摩国际和平研究所的西蒙·维兹曼（Siemon Wezeman），他清晰地解释了斯德哥尔摩国际和平研究所试图捕捉的信息以及它是如何度量的。
③ 参见"Rede des Bundesministers der Verteidigung Thomas de Maizie're vor dem Deutschen Bundestag zum Etat des Bundesverteidigungsministeriums am 7"，2011 年 9 月，作者翻译。

（Customer Product Management，CPM）程序提供了至少三种重要创新，将使采办程序更容易为工业部门所使用，促进更为有效的商业行为，并提高工业部门的计划与投资安全。第一，通过集成项目团队（Integrated Project Teams，IPTs）实施修订后的采办和服役程序的每个阶段，如果得到法律的允许并有助于整体发展，国防工业就成了采办系统的一个组成部分。尽管工业部门参与集成项目团队的具体模式还未确定，但将它们视为集成项目团队的天然成员是个重大进步，特别是这发生在分析阶段的第一个部分，在《能力差距和功能要求》（*Capability Gap and Functional Requirement*，FFF）文件起草之前。通过研究如何降低风险，工业部门能为集成项目团队提供关于项目技术、资金和运行风险方面的专业知识，因此逐渐减少它自己在未来实现阶段面临的商业和信誉风险。

第二，通过"目标协议"（Target Agreement，ZV）编纂的"设计冻结"（design freeze）将极大地支持工业部门限制技术、商业和信誉风险，因为它将禁止通过后续改变和修正削弱协议的约束力。只有军事行动例外地需要修改这项要求，或对项目进展的干扰导致突破了目标协议的容差极限，才有可能解除设计冻结。然而，对目标协议的校正要求得到该部门客户产品管理指导委员会（CPM Steering Board，CPM-LA）的同意，如果适用的话，还要修正联邦国防军参谋长的选择决策。[①]

第三，联邦国防军参谋长可根据至少三个已提议的备选物资解决方案自由地制定他的目标协议，这些解决方案可以渐进地实现功能性要求，这也对工业部门的商业行为产生了积极影响。起初，这使工业部门能与更明智的消费者合作，例如，相对于90%或70%的解决方

80

[①]　参见 Robert Trice，"Globalisation in the Defense Industrial Base"，给国防科学委员会（Defense Science Board）的简报，华盛顿（Washington，DC），2006 年 12 月 11 日。

案，对与百分之百解决方案相联系的技术和金融风险产生更一致的理解。同时，选择不足百分之百解决方案的决定带给公司的技术和商业风险应是更低的，以便促进及时且按预算交付产品和服务。

在德国，尽管缺乏使用修正后采办系统的实际经验，但这似乎提供了顺理成章的采办架构，它能更明智地在供求双方间分配资金和信誉风险，更好地确保投标过程透明且物有所值。不仅为在防务领域中已有根基的企业，也为渴望进入这个市场的企业提供更多接触市场的机会。

在这种情况下，重要的是要注意到，修正后的客户产品管理程序将会使德国制造的防务产品遭到来自"商业现货产品"（commercial, off-the-shelf，COTS）日益剧烈的竞争。然而在过去，对商业现货产品解决方案是否拉近了业已认定的职能方面的能力差距进行详细评估并不是必要的，而修正后的客户产品管理特别要求集成项目团队做出这样的详细评估，将它作为客户产品管理分析的一部分。尽管也要求集成项目团队在他们的评估中加入国防工业方面的考虑因素，但相对商业现货产品解决方案而言，国内解决方案客观地提供了经全面考虑后的综合性方案，那么做出的选择决策将只会是倾向于这个解决方案。

美国的国防采办方式

美国的国防采办周期毫无疑问是复杂且系统化的，除其他作用之外，供养着一个主要集中于华盛顿特区的强大且健全的咨询和游说部门。加之美国宪法规定行政权、立法权和司法权的权力分立制度，以及政府编制预算的独特方式，分析并理解美国采办模式并非没有挑战。事实上，在某种程度上，正是美国国防采办的特点成了进入这个市场的一种障碍。①

---

① 2012 年 11 月 6 日，作者对美国一位资深国防工业家进行的采访。

正如本文中已屡次讲到的，一国之内的防务市场以一个利基、高度专业化且互相依赖的买卖双方之间的关系为基础。在美国，国防部是唯一买家，处于垄断地位，在该部门的每个领域中，例如地面或海洋系统，仅有几个至关重要的特定供应商为其提供商品和服务。此外，国内市场是被高度管制且透明的，它处于国会的审查和警示下，并参与了游说集团。这种情况造成了高度专业化，甚至是独一无二的采办过程，其中美国政府通过订立合同公开支持某种特殊的国防工业能力。事实上，在将美国的出口概念化或纳入分析之前，它是政府能够履行这种职能的唯一途径。

自由市场的正常运行机制不是美国国防生态系统的特点。基于这一事实，法律、规章、监督控制以及审计已融合发展为一个严格的管理系统，旨在专注于国防采办，由此，在美国人看来，这是要实现古典市场经济学家所设想的效率和"竞争的"公平性。2007 年，美国向阿富汗派驻了比当时承包商人员还多的财务审计员，同时，国防部雇用了 30000 名审计员来监督政府和工业部门之间的关系，这贯穿于整个国防采办过程中。①

在《联邦采购条例》和《国防采办条例》（*Defense Acquisition Regulation*，DAR）中包含了大量重要的联邦国会立法，恰好详细描述了在美国政府和国防工业基础之间是如何就商业往来订立合同的。这些规则涉及与国防部有业务往来的企业，包括其会计制度的独特性质，以及质量控制程序、健康和安全协议、项目管理标准、治理、绘图和焊接技术，一直到国防工业用地所在地区的清洁标准等。防务企业会定期审查和评估这些标准，在某种程度上这些标准构成了美国国

---

① 罗斯·汤普森（Ross Thompson）中将 2008 年 1 月 24 日在参议院军事委员会（Senate Armed Services Committee）前的证词。还可参见 Commission on Army Acquisition and Program Management in Expeditionary Operations, "Urgent Reform Required: Army Expeditionary Contracting", 2007 年 10 月 31 日。

防采办程序的一部分。①

82   政府密切参与防务市场的运作。它控制着几乎所有的研发，提供大部分致力于进步的资金，提供大部分至关重要的厂房和设备。政府参与企业日常运营细节的程度是如此之高，以至于防务市场成了完全独一无二的市场，不再是传统意义上的市场了。

国防采办过程本身由大量程序组成。从某种层面上讲，它是需求程序、合同和采办程序、生产程序、国会程序和预算程序。所有这些活动共同形成了详尽且系统化的国防采办过程，它完全是为美国量身定制的。

预算程序通过政府自上而下形成，来自总统对国防的优先考虑。管理与预算办公室（Office of Management and Budget）管理执行机构的分配，该预算分配要得到国会的批准，并在国会的监督和保障下实施。国防部通过一系列五年计划，为实现特定部门更高目标所开展的活动和项目提供预算。这个预算程序会提出某些特定的能力要求，使国会监督之下的政府资源在公开的支出、绩效指标和成本范围内投入到特定的国防目标上。这种做法在公共领域中并不常见，所以与每个计划或项目有关的支出情况要向多个利益相关方公开，当然包括工业部门。尽管美国的采办过程是复杂且多层次的，但它还是极为公开和开放的，可以对它进行评论和分析。然而，与传统商业行为相比，这种规制和监督带来的附加成本据估计在 10% ~ 50% 的范围内。② 此外，采办运作的规模简直令人吃惊。在典型年份中，近 400 万项采购活动可能要花费 2840 亿美元的国防支出，其中 80% 流向了美国的主

---

① 参见 Gansler, *Democracy's Arsenal: Gceating a Twenty-First-Century Defense Indasty* (Cambridge, MA: MIT Press, 2011), p. 157。

② 参见 Mark A Lorell and John C Graser, *An Overview of Acquisition Reform Cost Savings Estimates* (Santa Monica, CA: RAND, 2001)。

承包商。^① 因此，责任制、易获得性和遵守程序似乎成了美国政府资助国防工业的主要特点。然而，这些条件存在于高度官僚主义和定制化的环境中。

进口和出口

在美国，关于政府干预国防工业的一个普遍观点是政治家和官员为了本国公司支持企业出口。基于对国内就业岗位的重视、对保障劳动力未来工作机会的迫切需要、保持收支平衡的好处以及提出软实力概念的重要性，通常都会采取这种理性语言。^② 这是剧本的一部分，但并不是在所研究的三个国家中发生的完整故事。

美国

美国拥有世界上最大的防务市场。一些公司，例如总部设在伦敦的英国宇航系统公司相信，如果它们位于美国本土，那么它们在与美国政府做生意时将会获得更大成功，因此英国宇航系统公司收购了位于美国的企业。类似的，美国公司，例如波音，把它们自己的基地设立于其他国家以便进入那些市场，从而增加它们的订单，平衡市场风险和波动。这是互惠互利的，是一种扩张进入新市场的普通公司战略。至于美国的出口，政府渴望实现海外销售，提供关键技术，而不是转让或妥协，且不丧失国内消费者偏好，这不是美国的政策教义（或许，与英国不同），而更像政策实用主义的例子。

---

① 2006 年的数字是引用的。参见 DoD，"Summary of Procurement Awards 2005 – 2006"，2006。

② 参见 Per Lundin，Niklas Stenlas and Johan Gribbe（eds），*Science for Welfare and Warfare*：*Technology and State Initiative in Cold War Sweden*（Sagamore Beach，MA：Watson Publishing，2010）。

德国

由于出口已成为许多防务企业商业生存能力的核心要素，为缓解传统本土市场日益萎缩的需求，[①] 德国国防工业要求德国政府提供大量资助以成功利用高度竞争的全球防务市场。

作为防务出口政策的一部分，德国政府使用了四种核心资助手段。对民用和军用出口，政府提供出口信贷保险，即所谓的"爱马仕债券"（Hermes Bonds），以确保出口交易免受客户违约风险的影响，这种风险不可能由私人部门低成本、高效率地独自承担。在防务领域，这种从私人部门向公共部门的金融风险转移提高了防务出口的商业生存能力，尤其是促进了向财务状况相对较差的"第三国"新兴市场的出口。

84　　2011 年，总计价值 25 亿欧元的爱马仕债券保护了向土耳其（25 亿欧元）、巴基斯坦（1100 万欧元）和秘鲁（600 万欧元）的防务出口交易。[②] 2012 年 1 月至 11 月，德国政府发行了六次这种债券，总价值约 33 亿欧元，其中大约 10.5 亿欧元用于向以色列（7 亿欧元）和埃及（4.05 亿欧元）出口由德意志造船厂（Howaldtswerke-Deutsche Werft，HDW）建造的海豚级 214A 型常规潜艇。[③]

直接资助德国防务出口的另一种形式是提供军事人员在进口国演示防务装备的能力，并为接收国军队提供培训来操作这些出口装备。例如，在 2012 年 7 月，德国联邦国防军选派官员前往沙特阿拉伯，

---

① 参见 Bundesministerium der Verteidigung，"Minister de Maizie're billigt Umrüstung"，2011 年 10 月 21 日，http://www.bmvg.de/portal/a/bmvg/！ut/p/c4/NYuxEsIgEET_iIPGOHZiGgsb44zGjh CGnBJgLpfY-PFC4e7MK_bNwhNKo9nQG8YUTYAH9BYPw0cM8-bFK61UVrGgnRxNDnnJKSDjG-71OjphU3RcyS4yFnoynEjkRByqWYmKEThCL1WrpZL_qO_-cjvpbtc07Vlflc_z8Qec5KgJ/，2013 年 10 月 15 日访问。

② Gemeinsame Konferenz Kirche und Entwicklung，"Rüstungsexportbericht 2012 der GKKE"，Berlin，10 December 2012，p. 7.

③ *Spiegel Online*，"Saudi-Arabien will erneut deutsche Panzer kaufen"，2 December 2012.

在豹 2 主战坦克演示过程中确保射击的安全性，而利雅得（Riyadh）正在试图采购最新型号：A7 +。[①]

除了对特定出口交易的直接支持之外，德国政府对企业在全球防务市场上的业务拓展活动也发挥着重要作用，其方式是通过德国联邦国防军参与在德国及全球的防务展览，以及为公司代表提供机会参加政府官方代表团在全球的出访。

作为例子，可以参考联邦国防军在去年柏林航空展（ILA Berlin Air Show）中的活动。德国联邦国防部指派了 316 名军事和文职人员帮助工业部门提升其产品和服务，总共花费了 82 万欧元。这些活动包括展示武器装备，如欧洲战斗机、NH90 和 CH – 53 直升机以及露娜（Luna）远程控制系统，还安排了对外国军事代表的礼节性拜访，他们是德国防务产品和服务的潜在消费者。[②]

陪同政府官方代表团访问其他国家是资助德国防务出口的另一种通用形式，这正如 2012 年 5 月德国政府回应议会咨询时所记录的那样。2009 年 10 月到 2012 年 4 月，来自如蒂森克虏伯海事系统公司（Thyssen Krupp Marine Systems）、MTU 航空发动机公司（MTU Aero Engines）、欧洲宇航防务集团（EADS）/凯西典公司（Cassidian）、阿特拉斯电子公司（Atlas Elektronik）和富乐斯多公司（Ferrostaal）等企业的国防工业代表作为更大的德国工业代表团的一部分，参加了 29 次由德国总理、外交部长和经济技术部长率领的出访活动，出访国家包括沙特阿拉伯、阿拉伯联合酋长国、卡塔尔、巴林、印度、新加坡、肯尼亚、尼日利亚、安哥拉、阿根廷和巴西。[③]

85

---

① *Spiegel Online*，"SPD kritisiert Bundeswehr-Hilfe für Panzer-Test"，6 July 2012.

② 参见 Deutsche Bundesregierung，"Förderung von Rüstungsgeschäften und militärische Nachwuchsgewinnung auf der Internationalen Luft-und Raumfahrtausstellung 2012"，Bundestag Drucksache 17/10705，2012 年 9 月 14 日，第 2 页。

③ 参见 Deutsche Bundesregierung，"Auslandsreisen von Mitgliedern des Bundeskabinetts unter Begleitung von Rüstungslobbyisten"，Bundestags Drucksache 17/9854，2012 年 5 月 31 日。

然而，一方面，在德国社会和政坛中，这些资助防务出口的形式饱受争议；另一方面，与其他欧洲国家，如英国、法国和西班牙，以及一些非欧洲国家，如美国和俄罗斯相比，德国政府目前的资助作用是非常有限的。与德国不同，这些国家都为它们国防工业基础中的企业在其出口方面提供相当大的政治和经济支持，它们的防务出口政策已植根于国家外交、安全和经济利益的更广泛的架构中。

无论在欧洲还是在全球层面，都缺乏一个公平竞争的环境，这严重限制了德国国防工业基础的竞争力，给它提出了一个潜在的生存性战略挑战。在这种背景下，德国安全和防务产业联盟（Federation of German Security and Defence Industries，BDSV）已在敦促德国政府通过以下方式加强对企业出口活动的支持：[1]

• 将德国安全和防务产业的战略和跨政府部门定位纳入到德国经济、外交和安全政策框架中；

• 成立跨政府部门的支持防务出口的联邦政府组织，以加快政府间协调过程；

• 通过支持政府间的国际化协议，简化并加快获取出口市场；

• 建立制度化的培训机制，支持德国联邦国防军服务出口客户的能力；

• 为出口销售提供有吸引力的、政府担保的财务条款；

• 加速《战争武器控制法案》（*War Weapons Control Act*，KWKG）和《对外贸易法案》（*Foreign Trade Act*，AWG）管制下许可证的签发过程。

德国总理安吉拉·默克尔（Angela Merkel）在她 2012 年德国联

---

[1] BDSV，"Sicherheit made in Germany：Zeit für Veränderungen-Chancenerkennen und nutzen"，July 2010，p. 15.

邦国防军大会（Bundeswehr Convention）的演讲中解释道，"如果你认为有义务去维持和平，却无法承担在世界上每一个地方积极维持和平的角色，你也可以响应号召支持可信赖的伙伴努力承担这些责任"。她进一步指出，"其他国家和区域组织应当不仅被鼓励，而且应当通过训练和装备支持使它们自己能够解决具体的冲突问题"。① 以此，默克尔回应了她之前的一次演讲。在 2011 年 10 月的这次演讲中，她提到"如果德国回避军事干预，仅对其他国家和组织致以鼓励之词通常是不够的"，这意味着德国还必须对那些准备介入的国家提供必要的帮助，这包括武器出口。②

86

这种模式的防务出口政策遭到了德国议会中大部分政治反对派的抵制。2013 年联邦选举之后成立的联合政府，其格局被认为是决定德国防务出口政策未来的关键因素。③ 社会民主党和绿党已明确表态，它们不仅要调整其防务出口政策，以更大程度地接近政治原则中的人权标准，而且还要提高透明度，以及联邦议院在德国防务出口控制体系中的作用。最有可能的是，这还将影响对德国防务出口的政治支持，特别是对第三国的出口。

英国

同样的，在英国，政府资助国防工业的一项重要内容与政府积极支持防务出口有关。这种政策立场的一个关键要素早在 1966 年就出现了，那时工党政府建立了国防装备出口服务局（Defence Export Services Organisation，DESO）以帮助企业在更广阔的世界范围内确认

① Angela Merkel，由 n-tv. de，"Instrument der Friedens-sicherung: Merkel wirbt für Rüstungsexporte"引述，2012 年 10 月 22 日，作者进行了翻译。
② 参见 Henrik Heidenkamp and Ferdi Akaltin，"Confronting the European Defence Crisis: The Common European Army in Germany's Political Debate"，*RUSI Journal*（Vol. 157，No. 2，April/May 2012）。
③ 在本文写作时，德国正在进行选举后的联盟谈判。

市场机会，并部分地通过提供信息的方式支持企业，帮助它们进行销售。国防装备出口服务局是国防部内部的一个组织，它设有独立的办公室致力于使国防装备出口服务局的出口活动与英国出口控制体系相协调。人们普遍认为该组织是成功的，它尤其对中型和小型公司提供了有效帮助，这些公司无法轻松负担监察全球市场的成本，甚至在厌恶任何形式政府工业政策的撒切尔政府中这个组织也生存了下来。

在前首相戈登·布朗（Gordon Brown）任期内，国防装备出口服务局被更名为国防与安全组织（Defence and Security Organisation, DSO），它的隶属关系也从国防部转移到了贸易和产业部（Department of Trade and Industry），后者于 2012 年变成了商业、创新和技能部（Department for Business, Innovation and Skills, BIS）。有人担心由于员工数量的削减，它可能会丧失能力与实效。而且，这种变化似乎反映出部分工党成员对政府明确参与支持武器出口并不情愿，因为这不可避免地会带来政治风险。防务出口在英国社会并非受到普遍欢迎；抵制武器贸易运动（Campaign Against Arms Trade）就是一个规模小但呼声高的团体。

然而，当前的联合政府在 2010 年上台后表达了支持防务出口的更强承诺，尤其是承诺在适当情况下内阁会对此给予时间和关注。如其他国家一样，出口被看作确保本国防务企业生存下去的一个重要途径，政府愿意尽其所能来帮助它。尽管国防与安全组织隶属于商业、创新和技能部，但仍能够任用调派的国防部官员和现役军事人员，并能够安排与外国政府经常提及的国防部长保持联系。作为这个时期的一个标志，政府任命了一位副部长，对他而言出口是一项特殊职责，而且首相本人在 2012 年开放了范堡罗航空展（Farnborough Air Show）。自 2012 年以来，国防与安全组织也承担起实施政府《工业接触政策》以吸引外国对英国投资的职责。① 对这一政策的公开阐述强调了英国工业部门和英国能力的吸引力，并未提及对那些希望获得英国防务业务的非欧盟公司投资于英国有任何需要。

尽管国防装备出口服务局以及后来的国防与安全组织生存下来，且成功了，但并不总能说是政府政策主动地帮助工业部门走向繁荣。在前首相撒切尔执政期间英国政府得出结论，它不应当试图确定未来英国公司可能会特别成功的产业领域（"挑选获胜者"），哪一个部门会成为经济繁荣的动力并不重要：没有认可制造业的特殊重要性。然而，由于倾向于将韦斯特兰直升机公司（Westland helicopters）卖给美国的西科斯基飞机公司（Sikorsky）导致了政府内部分裂，表明并不是所有的部长都愿意允许私人部门影响政府自身所有的决策。后来继任的工党政府没有明显地改变这种立场，尽管正如所指出的那样，对使用武装力量的能力和支持它们的供应基础之间的联系，人们已有了一些认知。

2009 年之后开始的金融灾难引发了相当不同的立场。虽然政府能把制造业决策交给私人部门（而且许多公司衰落了），但政府不能让金融部门受到银行家和其他人决策后果的影响，花费了数十亿英镑来拯救金融部门中的大型公司。英国经济对金融企业的依赖开始显得有些危险，当然政府愿意认可一般而言的高技术产业，以及特别而言的航空工业的贡献与潜力。

随政府倡议接踵而至的大多数领域主要集中于民用部门，例如，航空成长伙伴关系（Aerospace Growth Partnership，它确实对两用技术

---

① 关于国防与安全组织结构和作用的详细信息，参见 UK Trade and Investment（UKTI），"How We Can Help-UKTI DSO services"，2013 年 8 月 2 日，http://www. ukti. gov. uk/defencesecurity/ item/107130. html，2013 年 10 月 11 日访问；关于工业接触政策的信息，参见 UKTI，"Industrial Engagement"，2013 年 4 月 2 日，http://www. ukti. gov. uk/defencesecurity/defence/ industrialengagement. html，2013 年 10 月 11 日访问。

有一些关注），但防务部门应当必然受益于政府和工业部门的承诺，即从 2012 年至 2015 年，在航空工程领域资助 500 个硕士层次的工作岗位。政府与工业部门联合资助的原则也明显地表现在承诺为英国航空动力中心（UK Centre for Aerodynamics）投入 6000 万英镑的政府资金，并投资 4000 万英镑给劳斯莱斯牵头的开发低碳引擎技术项目。

为使后续开发的武器装备对出口客户具有吸引力，应当记录下英国的要求。对这个想法，尽管过去的政府只是在口头上敷衍，但联合政府在其任期之初对这个观点给予了新的重视。然而，在实施方面存在着特殊挑战，显而易见的问题是谁能权威地指出哪些产品会在世界市场上较为成功，在定义需求程序的哪个阶段要将这些考虑因素融入其中。这些考虑意味着英国准备独自或同伙伴一起开发它自己的武器装备，那还存在这样一个问题，即如何解决这些考虑与《通过技术实现国家安全》白皮书主题声明之间的矛盾，后者默认英国将从全球市场购买现成的防务装备。快速出现的检验这种方法的案例是 26 型战舰大型项目，为了它，英国很早就努力吸引合作伙伴加入到该项目中。到 2012 年年中，那些努力都没有奏效，但仍存在的希望是，以模块化方法进行设计将带来一种灵活的产品，它能根据不同国家的具体要求进行定制。展望未来，这在很大程度上取决于各个军种是否已准备好允许因考虑出口而影响到它们的要求。

然而，对出口的重视确实向英国军队发出了明确信息，它们也应当发挥它们的作用，特别是通过提供装备演示，而且如果必要的话，要确保英国装备的外国操作者能够参加它们提供的培训项目。在工党政府任期内，对这些问题依然存有争议。

国防工业战略

不是所有的国家都有国防工业战略。在美国，联邦政府为了其国防工业基础的健康制定了明确的战略，并且每五年要审查一次，这是一个长期传统。在德国，相比之下，正如下面所要显示的那样，从不认为它们自己要拥有能被定义为国防工业战略的事情。英国采取了另外一种方式，已从其 2005 年《国防工业战略》所详述的能力采购清单转向了更为微妙的方式。毫无疑问的是，整个西方世界都存在着一种倾向，政府同私人部门组织就提供防务能力签订所谓的长期伙伴关系合同。[①] 在美国，这种趋势更关注的是在公开与政府接触前防务企业之间的合作，接触政府的方式或是响应招标要求，或是讨论未来的要求。

作为整个美国国防工业固有资助关系的一部分，政府鼓励供应商的团队合作。对具体要求而言，这带来的影响可能会造成垄断，而垄断会提供即时的商业利益，并为所关注的企业提供保障。用这种方式把企业留在市场上以参与未来事务，但也似乎意味着政府丧失了对当前项目展开竞争的好处。政府愿意放弃这种优势，意味着对政治精英而言，美国工业基础保持一定规模是相当重要的。例如，1997 年，纽波特纽斯造船厂（Newport News Shipbuilding）和通用动力电动船舶公司（General Dynamics Electric Boat Company）组成了一个团队来设计和生产先进的潜艇系统。[②] 结果单位成本更高，但据说国防部很满

90

---

① 参见 John Louth, "The Sum of its Parts? Partnering, the MoD and Industry", *RUSI Journal* (Vol. 157, No. 2, April/May 2012)。

② 参见 "General Dynamics and Newport News Shipbuilding Sign Teaming Agreement for Construction of New Attack Submarine", 新闻稿, 1997 年 2 月 25 日。http://www.generaldynamics.com/news/press-releases/detail.cfm? customel_dataPageID_1811 = 13058, 2013 年 10 月 15 日访问。

意，因为两家公司在海事市场中生存下来了。[①]

团队合作伙伴已注意到，在美国用以支持每个防务部门中最大的两家公司的需求往往是不足的，所以如果政府希望保持两家主要企业同时运作，这种潜在的成本增长就需要合法使用公共资金，并承担资助的成本。当然，这种观点很难在欧洲推行，但它体现了美国是如何重视资助这个概念的。英国已采纳了这些类型的采办方案，例如通过团队合作或伙伴合作安排来测试并评估服务，国防部和奎奈蒂克（QinetiQ）之间的长期伙伴合作协议（Long-Term Partnering Agreement）以及政府与英国宇航系统公司之间就小型武器弹药生产结成的伙伴合作关系就是如此。因此，工业部门与政府亲密合作，通过伙伴关系安排提供服务成为审慎，或者说紧急——国防工业战略的基石。

正在形成中的德国国防工业战略

从根本上说，德国政府仍没有形成条理清晰的国防工业战略，以作为政府自己和工业部门的基点，形成各个政府部门对国防工业政策的一致理解，并帮助私人部门，特别是原始设备制造商（Original Equipment Manufacturers，OEMs）和中小企业形成对规划和投资安全的正确观念。

正如第二章所描述的那样，德国国防工业战略被编纂在各种文件中，这些文件包括最近修订的于 2013 年 1 月开始生效的《客户产品管理》，2007 年《联邦国防军和国防工业部门关于核心国家国防技术能力的联合声明》（*BMVg-BDI Joint Declaration on Core National Defence Technological Capabilities*）、2006 年《关于德国安全政策与德国联邦国

---

① 参见 Gansler, *Democracy's Arsenal: Creating a Twenty-Tirst-Century Defense Industy*, Cambridge, MA: MIT Press, 2011, p. 168。

防军未来》（*German Security Policy and the Future of the Bundeswehr*）白皮书，以及 1999 年《关于德国联邦国防军中的创新、投资和成本效益框架协议》（*Framework Agreement on Innovation*，*Investment and Cost Effectiveness in the Bundeswehr*）。然而，这些文件都没有表达德国政府国防工业战略的清晰理念，它们既没有被组织在一个结构清晰的文件层级体系中，彼此之间也并不足够一致。而且，它们大多只是一般性原则，并没有体现过去十多年所见证的国防工业领域的重大变化，而且在解释有关未来武器装备项目定位与确定核心国防工业能力方面留下了很大空间。加之德国国内市场需求减少，这种战略清晰度的缺乏导致德国国防工业基础面临相当大的不确定性。

为使未来德国国防工业战略文件成为德国政府资助国防工业方式中真正有益的组成部分，特别是在涉及未来政府与工业部门关系、国防工业对军事行动的贡献、防务领域中私人部门不断变化的边界和限制、未来的要求和项目，以及在公共和私人部门中所要求的技能和能力等方面，这些文件要远远超越已有政策的一般性原则和规定，这是至关重要的。

美国的国防（工业）战略

作为应对存在于全球的风险和脆弱性的一种方法，美国认为有能力且安全的本土国防工业部门是一种战略性国家资产，它在很大程度上支持了美国政治力量和军事威力的模糊概念。[①] 正如美国负责采办、技术和后勤的前国防部副部长阿什顿·B. 卡特（Ashton B Carter）所言，"一个强大的、技术上充满活力的以及有经济实力的国防工业是……符合国家利益的。在这方面，军人和纳税人与工业部门的利益

---

① Heidenkamp and Akaltin, "Confronting the European Defence Crisis", p. 10。

基本一致"。①

部分地受到这种政策见解以及美国不断增长的财政赤字的驱动，卡特和继任的美国高级领导人不断支持并促进美国新兴国防工业战略，这一战略将保障长期创新和生产力，提供既使产业家能获利，也对纳税人来说是经济有效的解决方案。②

这种全新的国防工业战略的核心是依赖古典的市场力量，启动对国防工业基础的持续结构调整，而同时确保美国政府继续资助防务企业在其领土范围内运转。这项政策的核心概念是全球资本市场、技术创新、知识创造和政府消费者信心共同作用，将产生可持续且在全球领先的国防工业基础，或者说政策制定者是这样认为的。此外，因为竞争被认为是经济繁荣的主要推动力，所以美国政策不会扩展到主要武器系统的进一步合并与重组，主承包商或其他主要工业部门活动者的提名上。

92

重要的是，正如将要讨论的那样，美国国防工业政策也显然在避免将主承包商作为焦点，因为美国政策制定者相信，小企业和新进入企业更有可能创造新的解决方案和全新的技术，因此提供军事优势和商业效益。这对服务行业的公司是特别重要的，因为在美国，按金额计算，大约一半的国防合同授予了服务供应商，而不是更为传统的国防装备制造商。这种对服务型公司的关注，把它们作为创新孵化器是美国承诺审查并改进其工业基础的核心，从飞机制造到小型武器及弹药的每个防务能力领域都是如此。当每个能力领域和部门具备适当模式和规模时，美国政府就会努力通过政策、程序和商业激励以保障、

① Ashton B Carter，"The Defense Industry Enters a New Era"，在考恩投资会议上的演讲（Cowen Investment Conference），纽约，2011 年 2 月 9 日。

② DoD，"Better Buying Power：Guidance for Obtaining Greater Efficiency and Productivity in Defence Spending"，采办专业人员备忘录，2010 年 9 月 14 日。

维持并保护它们。①

因此可以断言，在一开始，作为主导全球的大国，美国意识到在当前这个不确定的时代中所存在的风险，它对其国防工业基础的支持是公开政策立场的一部分，不管这些公司确是本土的，还是引进或吸收的。华盛顿坚信，一个强大的国家安全和国防工业部门将确保美国保持警醒，在实际上做好准备应对不明确的战略冲击，并因此要准备面对这些冲击施加给政策制定者和更广泛社会领域的空前压力。

这项通过重新塑造国防工业基础来支持全面军事响应的政策倡议已由奥巴马政府开始实施了，工业和商业部门被视为关键的国家资源和实际上的力量来源。此外，这也为非美国企业提供了机会，因为卡特和他的同僚承诺要降低市场进入壁垒，并在适当情况下，欢迎来自美国和美国以外国家的新企业。

英国的回应

考虑到美国对稳健国防工业战略强大的政策偏好，评估它的亲密盟友——英国，如何处理这个问题似乎是合乎情理的。如前文所述，在英国政府 2012 年 2 月 1 日发布的《通过技术实现国家安全》白皮书中，政府极力倡导通过购买"现货"防务装备并通过"公开竞争" 满足需求。自然地，工业部门习惯了通过公开竞争向政府销售其装备和能力，因此这是白皮书中很好理解且可被预期的一个组成部分。只要可能，政府就会购买现货装备的偏好在白皮书发布之前就已广泛出现在评论中了。文件暗示政府可能在未来会进行干预，以保护主权能力和从英国国防工业基础中获得的技术优势，后者看起来同美国的立场一致，而且潜在抵消了偏好现货的政策。

93

---

① Robert Gates, speech to NATO Strategic Concepts Seminar, National Defense University, Washington, DC, 23 February 2010.

并不奇怪的是，这份白皮书支持防务和安全出口，估计这是在白皮书发布之前，政府与英国工业部门协商得到的主要"额外收获"之一。政府承诺将科学和技术支出在国防预算中的比例保持在每年1.2%，这也表明政府已认识到它对创新和未来国防能力的重要性。政治家并没有考虑这一固定部分如何影响平衡的国防资产组合概念，然而，对每年保持这种投资水平的具体过程也存在一些争论。

重要的是，这份白皮书竭尽所能地强调小型企业在英国国防和安全努力中的重要性。确实，英国国防工业的中小型企业多于法国、德国、西班牙和意大利的总和，它们具有经济意义，对政府计划减少国家预算赤字而言被认为是至关重要的。这是一个令人关注的政策，但它不是连贯一致的国防战略。英国国防与安全市场和政策领域内的利益相关者正迫切需要一个全新的国防工业战略。事实上，内阁似乎承诺了白皮书将会构成这样的战略文件。例如，在2011年10月初进行的保守党会议中，政客和官员们指出，这份文件将替代2005年《国防工业战略》，为工业部门提供明确指引和部门优先权。这当然还没有实现，英国的政策看起来充满着矛盾。例如，政府承诺支持防务出口，虽然值得赞赏，但如果从长期来看，它在逻辑上不一致。传统上，先进的国家研制它们自己的国防装备，通过部署给自己的武装力量来证明其能力，之后才能够出售给其他国家。如果英国政府从世界市场购买现成的防务装备，那么英国将不必研究和开发它自己的能力或未来的成套武器装备。在这种情况下，很难推测这个国家在中长期能够出口什么样的国防和安全装备。

94   在英国，《通过技术实现国家安全》白皮书可能是最好的政策，它是在国防部关注减少赤字、重组和冗余时，工业部门和其他利益相关者原本所期待的。然而，它所代表的一系列政策与在美国，甚至是在欧洲国家，如德国，所发生的情况形成了鲜明对比。这对英国来说非常重要，如果在国家防务和安全能力的传统概念上做出妥协，那么英国所希望的在世界事务中发挥作用的能力就丧失了。事实上，如果没有持久的国防工业基础，只有境外的外国供应商，政府就会失去采取独立行动的能力。这至少似乎是来自美国政策立场的教训，也是政府资助其领土范围内防务部门幕后原因的一个基石了。

政府资助的影响

在分析层面上，一些人可能会争论说，政府表面上资助私人部门的国防工业基础，这意味着这些企业与经济中其他部门相比建立了同政府之间的特殊关系，例如，享有研发补贴。虽然如此，但政府密切的资助关系也意味着防务企业或许不一定会享有开放给其他欧洲或美国公司的在行动、战略选择或融资来源方面的自由。政府在其国防工业基础中的利益可能因此是一把双刃剑。[1]

与采办要求［《联邦采购条例》（FAR）和《国防采办条例》（DAR）］所联系的规制程度已造成了这样的感觉，即在美国国防工业基础及其与政府的关系中存在着垄断，因为只有历史上隶属于国防生态系统的那些公司才拥有在这个空间内运转的结构、程序、人员和意愿。这是进入这个市场的巨大障碍，它有效地将许多创新型、小规模的利基企业排斥在外，除非它们通过某个较大的主承包商才能在美国进入这个市场，这些大型承包商已系统地遵从政府对这个部门的规制。结果，创新不得不由政府通过它对研发领域的主导来培植，因为具有创新力的个人和企业虽然应当成为国防价值链的基础，但被有效地规制在了市场之外。政府发现，它能够以项目为依托进行资助、提供资金并投资于国防研发，但是难以资助逐步发展的创新或那些可

---

① 2016 年 6 月，作者对一位美国资深防务企业家的采访。

95 被描述为科学"灵感"的瞬间。[①] 对此，一套更灵活、有机的市场和治理安排可能是必要的，因为技术和信息变革将继续主导 21 世纪的高度现代性。

资助谁？

对中小企业的日益关注看上去已变得重要和适时了。英国和德国已隐含地表明对防务市场中进行创新的小型、利基企业的偏爱，实施的许多政策都在努力实现这一点。在美国的政治组织中对同一结果有相似的且公开表明的愿望。正如所见到的那样，研究投资带来的更伟大创新往往来自小型企业，而不是大型防务主承包商，这在跨大西洋两岸都是非常普遍的事实。这一看法背后的证据有些虚无缥缈，然而许多人对此确定不疑却引发了政治和组织层面上的反响。在美国，国会于 20 世纪 80 年代成立了小型企业创新研究（Small Business Innovation Research，SBIR）项目，规定所有政府资助的研发中必须有 2.5% 授予小型企业。每家政府机构，包括那些在国防部门内的政府机构，每年都要明确表明能从创新中获益的研究领域，并从专业的中小企业网络中寻找匹配提案。而且，私募股权公司和风险资本家经常在公共来源中关注哪些企业将会赢得这些合同，以确保成功的企业在获取资金问题上拥有多种选择。

有证据表明，通过强制性订立合同来支持小型企业已为美国前线提供了成功且具创新性的技术解决方案，证明美国政策对美国小企业作为军事储备的响应是正确的。然而仍有人担心，官方的倡议虽然意图是好的，但或许因为在主承包商内部发起和发展，那些无法

---

① 参见 Nassim Nicholas Taleb，*The Black Swan：The Impact of the Highly Improbable*（London：Penguin，2007）。

执行的创新就会被排除在外。不管怎样，小型企业创新研究倡议看上去得到了多方支持，并是每个国家所宣称的或应急产业政策的一个关键特征。①

关注小型企业涉及在美国政治结构中谁资助国防工业这一更广泛的问题。这不是一个可以简单回答的问题。正如已讨论的那样，美国联邦政府是三权分立的，坐拥巨额国防预算，其中相当大的比例被用于订立合同，或以其他形式支持防务与安全领域内企业的活动。因此，从某种层面上说，联邦政府资助美国的国防工业基础。然而，这仅是故事的一部分，还必须同时考虑其影响，例如，在美国，各个军种能够运用地方主义和国家主义的力量，以及大量位于华盛顿特区和各州首府的游说行业。因此，这确实是非常复杂的图景，存在着多种驱动因素和诱发因素，它是对政府资助关键工业部门的完美比喻。

96

关于资助的结束语

本章表明，政府要不断地资助它们的国防工业，但其具体做法取决于不同的因素：国家偏好、当时的政治环境、立法安排，以及诸如负担能力等现实考虑，还有对越来越高的政府效率和经济效益的追求。② 一个国家建立它自己的资助体系以应对这些主观的、不断变化的因素。业已表明，例如，美国、英国和德国政府都已制定了政策和程序来资助在其各自领土范围内运营的国防企业，在不同程度上支持

---

① 参见 the National Research Council of the National Academies, *An Assessment of the Small Business Innovative Research Program at the National Science Foundation* (Washington, DC: National Academies Press, 2007), 以及 House Small Business Committee, "Manzullo: US Small Businesses Secure Record Amount of Federal Prime Contracting Dollars", 21 June 2006。

② 参见 Alvin Toffler and Heide Toffler, *War and Anti-War: Survival at the Dawn of the Twenty-First Century* (New York, NY: Little Brown, 1993)。

和促进这些公司的活动。然而，这也表明，资助行为本身在本质上都是一国的当务之急，在具体细节上各国之间并不相同。

例如，在美国，所宣称的政策偏好是要将本国国防工业概念化为国家军事工具的必要组成部分。按照这种说法，在美国拥有健康的国防工业基础能确保国家拥有并保持超越对手的军事和技术优势：这是其国防观念的核心部分。它确保国家能够在紧张和冲突时期快速增强其经济实力，并使技能和知识结合起来形成理想的军事效果。显然，美国的私人防务部门被认为是美国兵工厂的代表，并因此值得政府积极地资助和扶植。结果，自然而然地，美国的政客和评论家们会就积极的美国国防工业战略展开讨论和争论，在某种程度上没有这种战略将被视为重大失误或政府放弃了它的职责。

德国的情况是自相矛盾的，存在着政府资助本国工业部门的承诺，例如通过制定积极的国防工业战略来实现，但驱动这种做法的经济因素同国家安全的迫切需要是同样重要的。作为高度实用化方法的一部分，德国的政治家们似乎认识到了投资于私人部门会产生经济利益，这意味着新出现的德国国防工业战略也是国家财政战略和经济社会发展政策的组成部分。此外，在德国，关于国防工业和采办改革的大多数争论必须放在德国武装力量的目标和未来国家采取的防务与安全立场的更广泛的语境下，才能理解得更透彻。因为德国作为一个发达国家已从2008年的全球经济危机中复苏了，如果它要在政治和经济方面领导扩张后的欧洲，那就涉及德国是否将不得不承担更多国际防务负担问题了。在柏林（以及其国际合作伙伴）这是关键的防务与安全问题，有效回答这个问题可能需要德国始终紧密关注源于北美的国防采办和工业政策。

相比之下，英国从2010年出现的公众话语看上去是支持全球供应商以及在对政府庇护的本国国防工业基础中展开公开国际竞争的。

97

考虑到英国自 21 世纪开始以来就一直进行着战争（通常是支持美国），且在某种程度上依赖于这些英国企业，这或许就显得有些令人惊讶了。此外，不管英国军队国际供给的情况如何，英国政治家和官员们一直将英国对其他国家的防务出口视作未来经济增长和发展的一个至关重要因素。它强调，通常来说，如果防务产品和服务要具备现实的出口潜力，它们必须经过"母国"的使用和验证。① 英国资助其本国国防工业的做法因此显得有些相互抵触，这体现在国家为使其资助作用变得有意义的努力中本身所存在的不一致和内在矛盾上。② 当然，政府力图通过积极的行业规制来纠正这些内在的紧张局面。接下来的一章将转向讨论这个方面的国家活动。

---

① 参见 David Gould, "Procurement Reform", in Codner and Clarke (eds), *A Question of Security*。
② 参见 Keith Hayward, "Defence Industrial Strategy under the Coalition", in Codner and Clarke (eds), *A Question of Security*。

第四章　对防务企业的监管和控制

本章转向政府在国防工业中三重作用的第三个方面：规制。特别是，本章考虑将某些政府控制机制施加给一些企业，这些企业向国防部及其武装力量提供专用商品和服务（而不是比如瓶装水或柴油这类物品，它们本质上是民用的，但被国防力量所使用）。本章分析的内容是，相对监督管理更广泛的商业部门而言，防务企业在哪些方面受到特殊对待，尤其是涉及垄断和兼并时。关注防务企业在哪些方面并未享有特别豁免，如在严禁腐败行为的法律规定和健康与安全规制等方面。本章还讨论了对私人部门雇用前政府和军事人员的限制，并涉及反贪污和反受贿的政策与做法。

每个国家的政府都试图在一些问题上规制本国领土范围的企业，比如最低工资、雇佣条款、污染、健康与安全以及反竞争行为等。跨国企业必须应对甚至设法利用各国政府在有关这些活动方面所采取方法的差异。然而，本章内容表明，防务企业要应对特殊的法律、规章、政策和实践。这些因素对防务企业优化利用其知识和其他资源的能力造成了实质性影响。

政府通过系统化努力以确保和平时期控制其领土范围内防务装备制造商的活动，这种做法自第一次世界大战结束后就开始了，这也是公众认为武器销售带来利润、推动冲突的观点达到高潮的时候。然而，真正造成与希特勒统治下的德国发生战争的原因是英国出台了重要的出口管制立法，即 1939 年《进口、出口和海关权利（防务）法案》[*Import*，*Export and Customs Powers*（*Defence*）*Act*]。第二次世界大战后，在西方世界中存在一种统一的观点认为，贸易优势，甚至任何名义上的贸易权利都需要依照其可能的消极安全后果进行审视。从北约（NATO）的视角看，至少直到"缓和"时期开始时，冷战的一个重要方面是"北约"拒绝向"华约"组织（Warsaw Pact）提供有用的西方国家产品，以限制其军事力量增长。在美国领导下，成立了多边出口管制协调委员会（Coordinating Committee for Multilateral Export Controls），以确保华约国家，当然还有中国仍无法得到有可能直接或间接有助于这些国家军事能力的西方国家的商品和信息。具有特殊军事目的的武器装备和两用商品，即既能用于民用目的，也能用于军事目的的商品，这些概念已清楚地建立于政府的思维模式中，尽管就实际开发的产品而言，对这种定义的影响还存有争议：持续的技术变革和东西方紧张关系的缓解并没有减少相关困难。

99

信息控制

以正式的法律体系保护信息要远远早于对出口的控制，这些早期制度在很多方面发挥着促成政府控制工业部门并拉近政府同国防工业关系的关键作用。信息控制对国防来说至关重要，这仍是一个热门话题，因为政府和军方认为信息是战争制胜要素，它带来超越对手的明确且可识别的优势，对这类国防信息的控制与保护被视为中央政府的职责。

英国

英国《官方保密法案》（*Official Secrets Act*）第一个版本于 1889

年通过，随后定期进行修订和更新。如果受这部法案约束的任何人将涉密信息传递给任何未经授权的人员，这部法律将判定其违法。这部法案在其管理范围内是极其严格的，受法案条款约束的人员不仅在他们工作期间要遵守规定，而且在他们的余生中也是如此。涉密信息只能传递给其他得到授权的人员，他们往往也是法案的签字人，以此来保证这样的信息处于长久控制中。[①] 然而，是否应当建立向公众透露信息的公共利益保护机制，以及是否仅是给国家安全带来严重危害的未经授权的消息泄露才会遭到刑事起诉，关于这些问题在英国存在着广泛争议。有人认为，后果较轻的信息泄露也应受到法律处置。[②]

100

英国的信息管制方案将保密分为四个主要级别：有限保护（Restricted）、秘密（Confidential）、机密（Secret）和绝密（Top Secret），对每一级别的相关标准都有书面指导。对不同级别的信息在储存和转移时应当如何被保护，也存在着规定。2014 年，英国开始采用三个级别的保密体系 [官方（Official）、机密和绝对机密]，这是为了更适应于电子通信时代。

与这种涉密信息结构同时并行的还有另外一种个人审查系统，该系统指定个人能够获得哪种级别的信息。有三种针对个人的常规审查：基本审查（Basic）、安全审查（Security Check，SC）和高度审查（Developed Vetting，DV）。安全审查类别意味着在适当时候，个人能够接触到最高为机密级别的信息。高度审查是授予个人绝对机密级别的审查。每个级别的审查包括对个人背景不同程度的调查，高度审查要求的调查在某种程度上会侵入个人的私人生活。政府明显关注的似

---

① 对此清晰的分析和历史背景介绍，参见 Lucinda Maer and Oonagh Gay，"Official Secrecy"，Standard Note SN/PC/02023，House of Commons Library，30 December 2008。

② 参见 Lucinda Maer and Oonagh Gay，"Official Secrecy"，Standard Note SN/PC/02023，House of Commons Library，30 December 2008。

乎是对潜在对手可能存有同情，缺乏对法律的敬畏，容易受到勒索和财务困难的情况。

国防商业事务国家安全审查局 [Defence Business Services National Security Vetting，DBS NSV，前身是国防审查局（Defence Vetting Agency）] 被赋予了对个人进行调查并评估他们是否通过审查的职责，审查对象包括文职人员、军事人员和私人部门员工。这是政府机构，与其相反，比如在美国，一些审查活动承包给了私人部门。

试图或要求获取涉密信息的公司必须拥有通过国防商业事务国家安全审查局审查的相关人员，同时他们及他们的经营场所必须获得 X 序列（List X）地位。这实际是要求该组织包括它的基础设施要通过审查，以显示它能并将会根据政府规定保护授权给它在指定场所或所有场所使用的所有信息。正式地来讲，X 序列地位是指定给特定场所的，而非整个公司的。已在一个或多个场所获得 X 序列地位的公司通常会指派一名安全官员就人员（包括潜在的新员工以及现有人员的任何问题）、装备和基础设施同政府当局保持联络。政府明确宣称，非 X 序列公司可以被邀请投标，甚至可以被选中作为承包商。然而，在被授予涉及保密材料的合同之前，它们必须具备 X 序列资质。① 英国管制系统的另一个要素涉及政府对具有特殊价值或行业敏感性信息的政府监控。保密类别"商业秘密"（Commercial in Confidence）用于涵盖竞标和其他与工业部门有关的文件，这意味着信息不应当传递给其他商业部门。关于公司价格、成本、合同条款，有时还包括技术方面的信息都包含在这样的协议中。在国防采办中，政府需要向企业保证它们不会滥用私人部门的知识产权，而商业秘密协议确实极大地推进了这一点。政府希望公司提供途径使用它们的创意，就必须保证这些创意会得到

101

---

① 参见 Cabinet Office，"List X Contractual Process"，version 3.0，October 2009，paras. 14-18。

保护。然而，英国国防部（Ministry of Defence，MoD）仍不一定能够解决的问题是：政府官员掌控来自私人部门的信息，如果他们认为这些信息能让政府得到更好的价格或绩效，他们可能忍不住会在其他地方利用它。

有些文件被加上了"英国专用"的额外标记，意味着这些信息不能披露给其他任何国家。

美国

与大部分先进工业化社会及其军事部门的做法类似，美国也采用了一系列安全等级、说明、限制和程序来保护它在军事及工业方面的专门知识和技术。在这方面采取的形式有信息分级，对私人部门员工实施安全审查，以及对防御场所标准给出稳健的政府指引，无论这些场所的所有权属于谁。这意味着通过要求工业部门和服务部门遵守政府的规定和标准，政府能够公开指导它们的行为及实践。企业如果不接受这些安全标准就不可能成为国防承包商，因为这些标准是以联邦和州法律为基础的。1917 年美国《反间谍法案》（Espionage Act）以及其他联邦立法特别保障了对国防信息的保护，但在美国，关于法律安排保护一般意义的涉密信息，以及甚至将政府信息作为整体加以保护，存在着广泛且断断续续的争论。人们尤为关注的是，如何控制与国家安全无关的政府信息，这与《第一修正案》（First Amendment）保障的言论自由两者之间是相互影响的［英国面对的挑战是协调《官方保密法案》与《信息自由法案》（Freedom of Information Act）之间的关系］。美国的信息分类体系与英国相似，但有些微不同，美国没有有限保护级别，但非涉密信息也可能会被标记为"官方专用"或"敏感但非机密"。美国也会把一些材料指定为"外籍人士不得使用"（No Foreign Nationals，NoForN）。

而美国对这个领域的管制主要是联邦政府的专有权力，美国三权分立的特点意味着特定州订立的管理制度也能够约束联邦雇员和工业部门员工遵守特定的保护体制。这说明州与州之间在合规方面的要求可能是不同的，要确保法律工作者和商业官员享有凌驾于这个系统之上的霸权。[①]

德国

德国在涉密信息认定和保护方面有专门制定但内容广泛的法律和监管体系。初看上去，它好像与英国的体系非常相似，但德国联邦经济技术部（Federal Ministry of Economics and Technology，BMWi）的贸易与经济部门地位更突出。例如，德国有相当于英国 X 序列的机制和相似的安排，旨在促进新企业进入防务领域，一旦所有适当的安全协议开始生效，政府就会允许它们参与任务竞标。然而，如果仔细考察起来，德国的体系与其盟友的相比，更官僚主义且任务繁重。

在德国，机密信息（*Verschlusssachen* 或 VS）包括事实、事件或知识，无论形式如何，都需要保持机密状态以保护公共利益。活跃于防务领域的公司可能经常需要接触这样的涉密信息，以在最初参与公开竞标并最终交付国防部采购的产品和服务。对所有涉密信息的保护通过立法来管理。[②] 此外，国防部的承包商和子承包商对涉密信息的保护是由体现欧洲规范的德国法律来管理的。[③]

---

① 参见 David M Walker，*DoD Transformation Challenges and Opportunities*（Washington，DC：Government Accountability Office，November 2007）。

② 参见 "Allgemeine Verwaltungsvorschrift des Bundesministeriums des Innern zum materiellen und organisatorischen Schutz von Verschlusssachen（VS-Anweisung-VSA）vom 31. März 2006"。

③ "Vergabeverordnung für die Bereiche Verteidigung und Sicherheit [VSVgV] zur Umsetzung der Richtlinie 2009/81/EG des Europäischen Parlaments und des Rates vom 13. Juli 2009 über die Koordinierung der Verfahren zur Vergabe bestimmter Bau-, Liefer-und Dienstleistungsaufträge in den Bereichen Verteidigung und Sicherheit und zur Änderung der Richtlinien 2004/17/EG und 2004/18/EG"，para. 7.

103   官方保密机关发布了四个保密级别：信息被定为"绝密"（Top Secret，*Streng Geheim*）：如果未经授权的人员了解到这些信息将危及德意志联邦共和国或其任何一个联邦州的存在或根本利益；信息被定为"机密"（Secret，*Geheim*）：如果未经授权的人员了解到这些信息将危及德意志联邦共和国或其任何一个联邦州的安全，或确实对它们的利益造成重大危害；信息被定为"VS－秘密"（VS-Confidential，*VS-Vertraulich*）：如果未经授权的人员了解到这些信息将损害德意志联邦共和国或其任何一个联邦州的利益；信息被定为"VS－官方专用"（VS-Only for Official Use，*VS-Nur für den Dienstgebrauch*）：如果未经授权的人员了解到这些信息将对德意志联邦共和国或其任何一个联邦州的利益产生负面影响。当然，这与英国的标准和思路是十分相似的。

如果竞标公司的法定代表人持有安全许可证明，如果它们拥有具有资质的"安全专员"（*Sicherheitsbeauftragter* 或 SiBe）且至少一名副安全专员，如果国防部已给他们指定了责任并加以指导，而且如果就这一点已实施了对所要求物资的保密措施，联邦经济技术部将对该竞标公司发放安全许可证明。尤其是联邦经济技术部的安全许可证明包含了限制条件，即关于在真正执行保密合同之前公司要实施的额外保密措施。

此外，竞标公司和它们潜在的子承包商必须提供"承诺声明"，即会保护他们接触到的所有涉密信息不仅在整个合同期都要受到这样的约束，而且在合同取消、解除或到期之后依然如此。如果申请投标人身份或准备要约时要求获取"VS－秘密"级别及以上级别的机密信息，公司必须支持联邦经济技术部的安全决策并在被授权获取这些信息之前提供承诺声明。

通过组织、人员和物资方面的措施确保遵守这些涉密信息管理规定会给活跃于防务领域的公司带来巨大成本。然而，不遵守规定的后果十分严重，无论对公司还是可能对个人而言，会被驱离出相关以及未来的招标程序并处以罚款，甚至会对公司及个人提起刑事诉讼。

特别地，资源总量有限的中小企业（Small and Medium Enterprises, SMEs）依赖于同原始设备制造商（OEM）、签约机构和联邦经济技术部的密切合作，以便适应复杂的监管环境，这可能也会在防务领域内增加巨大的市场进入壁垒。然而，防务产品和服务的特点毫无疑问地使涉密信息成为政府和公司行为中必不可少的部分，这不只是因为保护机密信息符合公共利益，还因为要确保公司会一直遵守采购法和卡特尔法。

多国体系

显然，一个重要的问题是国家和国际体系如何互动。就国际组织而言，特别是一些涉及西方国家防务与安全的组织，成员国政府必须决定将什么消息披露给国际机构及其成员，而每个国际机构必须做出安排以保护传递给它的信息。比如，北约和欧盟各自拥有他们自己对信息分类的级别和名称。除此以外，政府必须对国际机构框架之外的双边和多边信息共享做出特殊安排。澳大利亚、加拿大、新西兰、英国和美国已在"五眼联盟"（Five Eyes）框架下通过频繁的情报信息共享建立起特殊的亲密关系，尽管这对国防工业的意义比较有限。

信息以及人员管控体系意味着在通常情况下，防务企业比那些位于民用部门的企业面临更大的人力资源挑战，因为他们被迫只能在较小范围的劳动力储备中招募人员。在大部分西方国家政府相信目前的教育和社会体系不能培养出一国经济所需要的工程师数量的年代里，防务企业不得不从全国性市场上雇用愿意且具有资格进行安全审查的人员：英国的高度审查许可证明涉及个人要愿意提供他们私人生活的详细信息，包括性爱习惯，并且要提交给外部审查。此外，在大规模移民的时代，作为英国或美国公民，他在外国出生且父母为外国人，这虽然不会阻止他获得高级别许可证明，但也并非易事。针对北约国家发生的工业和安全间谍事件，以及对其他西方国家的犯罪行为引起了人们的忧虑，这表明，许可证明标准将不会轻易降低。这造成的一个后果是诸如英国宇航系统公司（BAE Systems）和劳斯莱斯（Rolls-Royce）的绝大部分工程师员工会主动尝试激发仍在读书的年轻人对他们的工作产生热情。他们也在很大程度上尝试"培养他们自己的"员工，而不是依靠从外部招聘中级甚至高级职位。

对在多个国家进行开发、生产或支持军事活动的防务企业，以及那些可能在努力开发产品以提供给更广阔市场的企业而言，人力资源管理障碍甚至更为严重。以欧洲导弹集团（MBDA）这个公司为例，从表面上看它是一个具有法国、英国、德国和意大利身份的跨国企业，但它不能自由地将其专业技术从一个国家转移至另一个国家。面对技术挑战的英国工程师或许知道这家公司位于另一国的部门拥有相关技术，但他或她被允许获取这项技术却非易事。跨国防务企业在调整员工职位以便发挥他们最大价值的过程中，如果涉及跨国调动，而个人又缺乏在调入国所必需的许可证明的话，这项岗位变动就需要得到政府的许可。欧洲企业，例如英国宇航系统公司、奎奈蒂克（QinetiQ）和欧洲宇航防务集团（EADS）由相当多的美国企业组成，它们却发现在这些公司中难以雇用非美国公民，因为对这些人员能够接受的信息存在着严重限制。一般情况下，西方政府不会给予外国公民安全许可证明，尽管可以并也存在例外，尤其是当欧洲政府希望获取美国的专门技术时。这就可以理解洛克希德·马丁（Lockheed Martin）和雅各布斯（Jacobs）在政府所有、承包商经营

105

（government-owned contractor-operated，GOCO）的安排下成为合作伙伴，在它们的团队中有美国公民运营英国的核武器工厂。

英国企业拥有美国防务公司的所有权会产生什么问题，充分意识到这一点是很重要的。根据经验来说，只有获得了许可证明的美国公民才能获得涉密信息。通常情况下，美国国防部国防安全服务处（Defense Security Service）坚持认为，这样的公司应当由且仅由合适的美国公民组成的"代理董事会"来运营，业主公司可以自由地把利润汇回本国，但不能了解其子公司的技术、计划甚至战略细节。如果美国高度信任业主公司的安全安排，它可能会批准一个《特殊安全协议》（Special Security Arrangement，SSA），根据这个协议，一些外国成员可以进入美国子公司的董事会（例如在劳斯莱斯和英国宇航系统公司中有英国人）。[①] 但是，当董事会谈论涉及美国涉密信息的事项时，非美国公民就会被要求离开。由于特殊安全协议允许额外的监督，这在美国是一个非常珍贵的地位，拥有它的人都不愿意使其受到危害。

因此，对信息的控制受制于具体国家的规制体制，但是，正如本章所展示的那样，还是能够发现一些共同特征的。第一，保护国家秘密和其他敏感信息的做法是高度官僚主义和结构化的，只有遵守或不遵守这种二元、绝对化的选择。这种做法本身被铭刻在了国家法律和条约义务之中。第二，在控制信息获取方面，先进国家积极限制有资格掌握某一学科知识的公民的数量，这会对管理、保证和民主监督产生影响，但这不是这种考虑的核心主题。第三，基于其官僚主义和循规蹈矩的技术的本质特点，要实施和进入这样的控制体制都是代价高昂的，这给活跃于防务领域的企业增加了成本。因此，对新的供应商

106

① DoD Defense Security Service，"Comparison：Special Security Agreement and Proxy Agreement"，http：//www. dss. mil/isp/foci/compar_ spec_ sec_ prox. html，2013 年 10 月 14 日访问。

而言，遵守规则可被视为进入防务市场的潜在障碍。

出口控制

政府对防务企业的控制不只局限在谁可以从事政府的防务工作，以及信息如何得到保护上。它们还要提出一些条款，在这些条款之下公司可以将受管制的技术和信息转移到该国之外。尤其在美国，信息或许会被解密（并因此在一国之内是可以自由获取的），但由于它对安全的影响，仍会受制于出口管制，认识到这一点很重要。可以这样讲，对出口的控制从总体上可分为四个维度。

第一个维度涉及法律及实施细则，它们规定了必须获得许可的跨国转移（以及不要许可的转移），包括什么类型的许可是适用的，以及应该如何进行申请。

第二个维度涉及出口管制政策，以及有关哪种类型的出口可能会被允许，哪种类型可能被拒绝及其原因的政府声明。在欧洲，《欧盟武器出口行为准则》（*EU Code of Conduct on Arms Exports*）——于 2008 年更名为《欧盟委员会关于武器出口的共同立场》（*EU Council Common Position on Arms Exports*）——是一系列由所有欧盟国家做出的政策承诺，它列举了这些国家在评估是否授予许可时将要考虑的因素。① 武器禁运，无论是施加给一个国家，还是以多边为基础，从表面上看都是明确的政策形式。

第三个维度涉及通过具体的和个人的决策实施政策。这方面的一个例子是，德国在 2011 年 2 月决定，鉴于对埃及前总统胡斯尼·穆

---

① 参见 "Council Common Position 2008/944/CFSP of 8 December 2008", *Official Journal of the European Union*, L 335/99, 2008 年 12 月 13 日, http://eur-lex.europa.eu/LexUriServ/LexUriServ.do? uri = OJ：L：2008：335：0099：0103：EN：PDF, 2013 年 10 月 16 日访问。

巴拉克（Hosni Mubarak）的反对日益增加，德国中止了对埃及的防务出口，而英国和美国决定反对这一压制政策。①

第四个也是最后一个维度涉及法律和政策得以实施，而且个人能够形成决策的机制和程序。在所有情况下，对许可申请的受理都是通过在相关政府部门以及必须阅读许可建议并草拟回复的个人之间的协商过程进行的。然而，到底哪个部门应当承担主导和协调责任并没有一个标准模式。出口许可需要受雇人员处理申请，毫无疑问，雇用的人员越多，做出决定的速度就可能越快。在英国和美国，公司经常会抱怨做出决定所花费的时间过长。②

第一个维度：法律框架

控制出口需要一系列详细的法律安排和实施细则，这些法律框架在德国、英国和美国之间差异很大。这部分要归因于这些国家不同的宪法规定：在德国，人们有贸易的权利，而英国的情况却并非如此。

在所考察的三个国家中，美国一直是最为关注技术出口给国家安全造成的潜在负面影响的，作为世界上国防研究与发展（R&D）支出最多的国家，它认为自己可能会流失的技术最多。因此，美国在制定出口管制标准方面扮演着领导者的角色，其他国家感觉有必要追随它，最重要的是这确保了美国提供给它们的技术将会得到很好的保护。因此，在详细讨论每个国家的法律安排之前，下面将首先指出它们的一些大致相同的特征。

在所有三个国家中，公司是否应该申请出口许可的基本动因是政府制定的物品清单是否与出口管制法律所涵盖的特定商品有关。除了专门的

---

① Richard Norton-Taylor, "UK Refuses to Suspend Egypt Arms Sales", *Guardian*, 2011 年 2 月 8 日；Brian Rohan, "Germany Suspends Arms Exports to Egypt", *Reuters*, 2011 年 2 月 7 日。

② 参见 Gordon Adams, Christophe Cornu and Andrew James, "Between Cooperation and Competition: The Transatlantic Defense Market", *Chaillot Paper No 44*, ISS-WEU, January 2001。

军事装备登记之外，还存在着受到出口管制的两用商品目录，尤其是支持化学、生物或核武器以及弹道导弹开发的物品。总之，这三个国家都建立了许可体系，以支撑它们在《生物和化学武器公约》（Biological and Chemical Weapons Conventions）、《不扩散核武器条约》（Nuclear Non-Proliferation Treaty）、《瓦森纳协定》（Waassenaar Arrangement）和《导弹技术控制制度》（Missile Technology Control Regime）中对军备控制的承诺。虽然三个国家会就清单内容进行协商，但是这些国家并非控制完全相同的一系列物品，特别是在两用物资方面。各国的清单会依据国家情况进行更新和修订；事实上，2013 年年中，美国就开始了致力于旨在对许多物品放松管制的改革，将这些物品从军用清单转移到了两用清单，同时将其他物品进行了反方向转移。① 欧洲也同样考虑在监管社会各个方面的基础上将其管制合理化，要顾及贸易和安全保护两方面的需要。②

108

出口贸易公司有责任了解这些受到法律管制的物品；如同生活中的其他领域一样，不懂法律不是借口，对任何违反出口管制的公司行为，公司董事会和执行层要承担责任。这种责任不能委托给其他人。不过，英国政府至少倾向于不起诉并非故意在需要时没有申请许可的公司。③ 美国政府也倾向于对那些主动向政府坦白违反出口管制的公

① C Forrester, "US Re-Opens ITAR Category XI to Comment", *Jane's Defence Weekly*, 31 July 2013, p. 21；M Smith, "US Announces Latest Amendments as Part of Export Control Reform", *Jane's Defence Weekly*, 17 July 2013, p. 21.

② European Commission, "Strategic Export Controls：Ensuring Security and Competitiveness in a Changing World-A Report on the Public Consultation Launched under the Green Paper COM (2011) 393", EU Commission Staff Working Document, 17 January 2013；B Tigner, "Striking a Balance：Reforming the EU's Export Control Regime", *Jane's Defence Weekly* 17 July 2013, p. 23.

③ HM Government, *Strategic Export Control：Her Majesty's Government's Annual Report for 2010, Quarterly Reports for 2010 and 2011, Licensing Policy and Parliamentary Scrutiny Response of the Secretaries of State for Defence, Foreign and Commonwealth Affairs, International Development and Business, Innovation and Skills*, Cm 8441 (London：The Stationery Office, October 2012), pp. 14 - 15.

司处理得更为宽容，而对那些故意隐瞒希望不被发现的公司则严厉处罚。不管包含在政府清单中的是装备还是信息，对公司怀疑或许最终用于军事目的的任何物品，公司都有法律义务咨询政府是否需要获得许可。[①]

所有这三个国家都已在试图控制知识和信息的流动，同他们控制产品一样。因此，2008年《欧盟委员会关于武器出口的共同立场》声明：不仅向特定目的地的实际出口必须取得许可，而且对经中介交易的，以及对"任何通过例如电子媒体、传真或电话等无形方式交易的软件和技术"也必须取得许可。[②] 这是一个难的领域，因为商人必须考虑他们需要获得许可的情况。在很多情形下，通过立法保护涉密信息确实要比出口管制法律更为重要。此外，这不是个静态问题，而是随着技术的发展而变化的。例如，美国已决定应当将信息储存于"云端"视为出口。

幸运的是，对旅游业和个人而言，一个人的头脑中如果存有受控技术，他或她的简单跨境活动不被认为是出口。但接触过极度敏感信息的个人或许会面临限制旅游的可能，这是由于所涉及的安全风险，而不是出口管制法规。

尽管这里所关注的三个国家的法律体系有很多共同点，但每一个都有其独特之处。

德国法律的特点：首先专门考察德国的情况，军事装备出口受到

109

---

① 参见 Roy Anderson, Defence Research and Technology (London: MoD, February 2007)。

② 参见 Council of the European Union, "Acts Adopted Under Title V of the EU Treaty: Council Common Position 2008/944/CFSP of 8 December 2008 Defining Common Rules Governing Control of Exports of Military Technology and Equipment", *Official Journal of the European Union* (L335/99, 13 December 2008), Article 1.2; Keith Hartley, "Defence Industrial Policy in a Military Alliance", *Journal of Peace Research* (Vol. 43, No. 4, 2006), pp. 473 – 489。

《基本法》（*Basic Law*）、《战争武器控制法案》（*War Weapons Control Act*）① 、《对外贸易和支付法案》（*Foreign Trade and Payments Act*）② 与《对外贸易和支付条例》（*Foreign Trade and Payments Ordinance*）③ 的共同管制。除此之外，对 2000 年 1 月 19 日《德意志联邦共和国政府关于战争武器和其他军事装备出口采用的政治原则》（*Political Principles Adopted by the Government of the Federal Republic of Germany Export of War Weapons and Other Military Equipment*）以及 2008 年 12 月 8 日《欧盟委员会共同立场》为发放许可的权力机关提供了指引。④ 另外，《对外贸易和支付法案》与《对外贸易和支付条例》要求所有军事装备出口都要获得许可。⑤

110   相比之下，不被认定为武器（"其他军事装备"）的军事物品出口仅要求获得《对外贸易和支付法案》以及《对外贸易和支付条例》规定下的许可。

申请人对战争武器出口许可的签发没有法定权利。此外，如果战争武器会被用于干扰和平的行动中，或德意志联邦共和国在国际法体系中的义务会受到损害，或申请人不具备必要的可靠性，如果存在这

---

① 实施 1990 年 11 月 22 日颁布的《基本法》《战争武器控制法案》第 26（2）款的法案，《联邦法律公报 I》（*Federal Law Gazette I*）第 2506 页 [最终由 2006 年 10 月 31 日的《条例》的第 24 款进行了修订，《联邦法律公报 I》（*Federal Law Gazette I*），第 2507 页]。

② 由 2009 年 5 月 27 日的通知进行了修订，《联邦法律公报 I》（*Federal Law Gazette I*），第 1150 页。

③ 1993 年 11 月 22 日颁布的《对外贸易和支付条例》，《联邦法律公报 I》（*Federal Law Gazette I*），第 2493 页，2009 年 10 月 19 日的《对外贸易和支付条例第 83 条修订条例》（*83rd Ordinance Amending the Foreign Trade and Payments Ordinance*）进行了最近一次修订，《联邦法律公报 I》（第 164 期），第 3737 页。

④ 2000 年 1 月 19 日，《德意志联邦共和国政府关于战争武器和其他军事装备出口采用的政治原则》。

⑤ 出口清单的 A 节第一部分列出了全部军事装备（附录，《对外贸易和支付条例》附件）。该清单被分解为二十二个分类（第 0001 号至第 0022 号），每个分类有它们各自的子分类。与欧盟的《军事清单》一样，这些分类直接面向《瓦森纳协定》的相应清单（弹药清单），德国政府因此已把这个清单转化为国家法律以实现其政治承诺。

样的风险，将必然被否决授予许可。在英国和美国，这些都是判断和政策问题，而不是法律规定问题。然而在德国，事情并不那么简单。在那里，联邦政府在《欧盟委员会共同立场》和上述《政治原则》下，按照它必须行使的自由裁量权决定出口许可的签发。

《对外贸易和支付法案》以及《对外贸易和支付条例》中的出口法规管控着其他军事装备的出口。按照外部经济交易自由化原则，这也是《对外贸易和支付法案》系统方法的基础，申请人对签发出口许可拥有基本权利：[①]

> （1）与外部经济交易有关的法律业务和行为的开展可能会受到限制，目的是：①确保德意志联邦共和国的基本安全利益；②阻止对国家间和平共存的干扰；或③阻止对德意志联邦共和国外交关系的重大干扰。

同管制战争武器的情况一样，德国政府在签发其他军事装备出口许可时行使其自由裁量权，并与《欧盟委员会共同立场》和《政治原则》保持一致。

英国法律的特点：英国法律管制的基础是 2002 年《出口管制法案》（*Export Control Act*），它取代了第二次世界大战前夕英国国会仓促通过且限制更为严格的 1939 年法案。在英国，主要有三种类型的许可：标准个人出口许可（Standard Individual Export Licences，SIELs）、公开个人出口许可（Open Individual Export Licences，OIELs）和公开

111

---

① 《对外贸易和支付法案》第 1 节和第 3 节是相互协调的，除非由于侵害了《对外贸易和支付法案》第 7 节第 1 小节中所保护的利益，可能被拒绝授予许可。参见该法案第 7 节第 1 小节（1－3）。

一般出口许可（Open General Export Licences，OGELs）。标准个人出口许可"一般允许将不超过许可指定数量的指定物品一次性运送给指定收货人"，而公开个人出口许可是"针对个人出口商并包括多次将指定物品运送给指定目的地以及/或在某些情况下，运送给指定收货人"。① 公开一般出口许可"是由出口管制组织（Export Control Organisation，ECO）签发的预先公布的出口许可。只要所有的预设条件能够得到满足，它们是最为灵活的策略性出口许可。它们允许出口特定的受管制物品（由'控制清单条目'题目标识出来）出口到指定目的地"。②

正如所指出的那样，英国出口管制涉及信息，也包括商品。这反映出这样的事实，即政府对信息转移的限制影响着武器贸易，也是限制国外间谍活动有效性的努力。这样，即使是公司自己私人资助和开发的技术性专业知识，如果对国防能够产生影响，公司也不能自由将其转移。在很多情况下，这些管制措施在英国的发展部分地受到了美国实践的影响，反过来，又对德国规制体制的发展产生着影响。事实上，在20世纪80年代的西德，使德国装备获得许可能够进行生产的信息是可以转移的，而政府没有否决权，但从那时起德国法律对此加强了限制（参见《战争武器控制法案》第6节对上述问题的规定）。

在英国，是否需要获得许可由商品所在位置决定，而不是由其所有权决定。因此，公司想要将其装备运送到海外进行展示或展览必须获得许可。外国公司（或政府）临时性地将受管制装备带入英国也必须获得许可，以便将该装备"出口"回到原产国或其他国家。

---

① Department for Business, Innovation and Skills（BIS），Strategic Export Controls，"Country Pivot Report"，1 April 2012 – 30 June 2002，pp. 3，7.

② BIS，"Open Licences：An Overview"，https://www.gov.uk/open-generallicences-an-overview，2013年10月6日访问。还可参见 BIS，"Military Goods Open General Export Licences"，https://www.gov.uk/military-goods-ogels。

英国还要求购买者获得一份最终用户证书，以保证购买者确定是装备的使用者，并非简单地要将装备转卖给第三方。然而，如果消费者在相当长时间内拥有装备后，一般是超过 10 年，英国不会坚持要求获得批准才能将其转售。① 在这方面英国与美国有很大的不同，美国更为严格，对其受管制技术的目的地在整个生命周期内进行控制。

英国立法中包括两种治外法权。第一，它规定了中介制度，要求设立于英国的代理机构来安排受管制物品从一个国家转移到另一个国家，并在经过英国的时候，需要获得英国政府的批准。第二，海外的英国公民也必须获得英国政府的准许后才能安排受管制物品的转移。

美国法律体系的特点：美国政府对向其他国家的技术、部件、成品及服务的出口规定了广泛并严格实施的控制。这种做法的主要动因是意识到需要防止技术和能力落入那些被视为"敌人"的国家手中，因为这会给对手提供潜在的军事优势，或可以洞察到美国军事装备的情况。当然，对某些技术而言，对其供给和使用进行严格指导和管制似乎已成了美国政界的共识，这些技术包括核技术或与网络防御或与进攻能力有关的技术。

位于出口管制程序中心地位的是《武器出口管制法案》（*Arms Export Control Act*），它定期由国会进行修订，不仅控制着专业的防务产品出口，还控制着被定义为两用物品的出口。这两种类别的界线模糊，有些物品在两类之间任意转换，这是人人皆知的事情。

美国对这两类物品都备有清单：《美国军火清单》（*US Munitions*

112

---

① 参见 David Oliver，"Current Export Policies：Trick or Treat"，*Defense Horizons*（No. 6，December 2001）。

List）和《商业管制清单》（*Commerce Control List*）。还制定了实施法案的两套详细规定。《国际武器贸易条例》（*International Traffic in Arms Regulation*，ITAR）涵盖了被视为专业防务产品的物品，而《出口管理条例》（*Export Administration Regulations*，EAR）涵盖两用物品。

《国际武器贸易条例》涉及产成品、部件、微型零件、训练、开发、建议、技术或其他数据及信息服务。个人可能会在无意间违反《国际武器贸易条例》的规定：比如，当非美国公民，或许是来自一所美国大学的从事研究的学生，他接触到了被列入国务院出口管制清单的技术或物品，法律规定这种相遇必须被认定为出口，理论上应当在事前接受政府管制或获得政府批准。[1] 很容易就会违反《国际武器贸易条例》的规定，这可能会招致联邦政府的严厉制裁，包括无限额罚款和牢狱之灾。这样一种环境对公司扩展其防务领域内的活动是非常不利的。

113　　美国的制度之所以独特，是因为它管制的深度延伸至技术甚至是知识层面，对它们施加管理的强度以及美国对控制任何技术再出口的坚持甚至已到了在实践中显得毫无意义的程度。[2] 比如，如果一家在美国注册的防务企业从英国供应商那里购买部件，而且这些物品在其使用的全部时间里需要原始英国制造商进行升级，那么美国的使用者必须获得出口许可以便将这些部件交回给在英国的原始供应商，而这项许可可能会也可能不会签发，这将增加部件成本，且必然会在程序上花费时间。这似乎是官僚主义的做法，而不是明智的保障安全的实践。

---

① Directorate of Defense Trade Controls, "International Traffic in Arms Regulation: ITAR Summary, Definitions and Subchapters", Department of State, http://pmddtc. state. gov/regulations_laws/itar_official. html，2013 年 10 月 16 日访问。

② 参见 Walter Pincus, "Taking Defense's Hand out of State's Pocket", *Washington Post*, 9 July 2007。

　　事实上，这样一种管制文化对美国国防工业的影响是深远的。出口制度的变幻莫测妨碍了主要关注防务产品和服务的美国公司，导致人们不断呼吁要对其进行改革。对更大范围内的商业实体机构而言，它们可能会成为美国国防承包商的供应商，同样的体制也会影响到它们，妨碍它们接受防务业务。如果企业将商业技术的一部分无论以直接还是间接方式出售给国防部，并成为武器系统的部件，那么从此之后，这部分技术就要受到关于技术转让出口管制条款的限制了。因此，从比例上看，相对相同技术部件的全球商业市场而言，国防部或许是个非常小的消费者，对高技术企业成为国防承包商或国防部的临时供应商这是个相当大的障碍。

　　这也会产生妨碍非美国消费者选择美国产品或部件的影响。例如，德国时常会敦促其项目经理不要采购美国的产品或服务，因为美国出口管制制度非常复杂且不确定，这会给其项目带来风险。①

　　2013 年，在一份英国国家审计署（National Audit Office）的报告中用单独一行指出，美国或许会否决英国 F - 35 在法国航空母舰上使用的可能性。② 美国的法律、政策和实践提出了敏感问题，即拥有美国装备的国家在这些装备被部署于海外军事行动或训练演习之前，是否应当寻求美国的准许。可以理解的是［与《国际武器贸易条例》 安排或《美国—英国防务贸易合作条约》（US-UK Defence Trade Cooperation Treaty）相一致］，美国和英国之间存在着一个关于获得批准军事行动和活动的可修订目录。如果英国想使用美国装备而华盛顿不批准这项活动，英国就会遇到困难，但英国实际会选择无论如何先使用装备，之后再处理后果。附带而言，这似乎也是英国在选择政府所有、承包

114

①　Adams, Cornu and James, "Between Cooperation and Competition".
②　National Audit Office, *Carrier Strike*: *The* 2012 *Reversion Decision*, Report by the Auditor and Comptroller General, HC 63 （London：The Stationery Office, May 2013）, p. 11.

商经营的解决方案完成其采办职能的情况下，为什么政府要继续签订重要且必要合同的一个原因了。如果是公司签订合同，那么可能就是美国政府要承担起使用武器装备的责任了。

防务装备出口政策

作为具有民主政治制度的亲密盟友，这里所考察的三个国家在武器出口政策方面或许是相当类似的。事实上，伊拉克入侵科威特激发了人们重新思考许多西方国家的防务出口实践，在联合国安理会（UN Security Council）和欧洲安全与合作会议（Conference on Security and Co-operation in Europe，CSCE），即如今的欧洲安全与合作组织（Organization for Security and Co-operation in Europe，OSCE）的决议案中达成了许多共同原则。

资料6

欧洲安全与合作会议安全合作论坛（Forum for Security Co-operation）就管控武器转让达成的原则

每一个参与国将避免可能造成以下情况的武器转让：

（1）用于侵犯或压制人权及基本自由；

（2）威胁其他国家和地区的安全，这些地区的外部关系是国际公认的另一国的责任；

（3）违反其国际承诺，特别是有关联合国安理会所采取的制裁，或欧洲安全与合作会议理事会所作出的决定，或不扩散协议，或任何其他武器控制及裁军协议；

（4）除考虑到自卫的正当要求之外，延长或加剧现有武装冲突；

（5）危及和平，在一个地区部署破坏稳定的军事能力，或其他不利于地区稳定的活动；

（6）基于与本文件目标相反的目的，在接受国内部改变目的地或再出口；

（7）用于镇压目的；

（8）支持或鼓励恐怖主义；

（9）用于接受国正当防卫和安全需求之外。

资料来源：Department of Trade and Investment，"Sanction Regimes，Arms Embargoes and Restrictionson the Export of Strategic Goods：The Principles Governing Arms Transfers Agreed by the Forum for Security Cooperation of the Conference for Security and Cooperation in Europe（CSCE）"，http://bit. ly/183Q5OD，2013 年 10 月 14 日访问。

资料7

联合国安理会五大常任理事国就常规武器转让
达成一致的准则

115

当考虑在国家管制程序下进行常规武器转让时，各国要按照以下准则行事。

1. 他们要仔细考察拟进行的转让是否将会：

（1）提高接受方能力满足正当自卫的需求；

（2）作为针对接受国所面临的安全和军事威胁的恰当和适度反应；

（3）提高接受方参与地区或其他集体协议，或符合联合国宪章或联合国要求的其他措施的能力。

2. 他们要避免可能会造成以下情况的转让：

（1）延长或加剧现有武装冲突；

（2）增加地区紧张局势或促使地区不稳定；

（3）在一个地区中引入不稳定军事能力；

（4）违反禁运或其他相关国际协商一致的限制措施；

（5）用于接受国正当的防卫和安全需求之外；

（6）支持或鼓励国际恐怖主义；

（7）用于干涉主权国内部事务；

（8）严重削弱接受国的经济状况。

资料来源：Department of Trade and Investment, "Sanction Regimes, Arms Embargoes and Restrictions on the Export of Strategic Goods: Guidelines for Conventional Arms Transfers" agreed by the permanent five members of the United Nations Security Council, http://bit. ly/16ZOprF, 2013 年 10 月 14 日访问。

此外，自从签署《行为准则》和《共同立场》以来，欧盟一直在尽力协调其内部在这个领域方面的政策。特别是 2008 年的《共同立场》提出了八条标准用于指导防务出口决策。它们明确体现了联合国安理会和欧洲安全与合作组织的立场，提道：

- 尊重最终目的地国家人权；
- 根据存在的紧张局势或武装冲突来考量最终目的地国家的内部情况；
- 维持地区和平、安全与稳定；
- 确保成员国及其外部关系是某个成员国责任的地区，以及友好国和盟国的国家安全；
- 对国际社会而言，买方行为，特别是他对恐怖主义的态度、其联盟的性质以及是否尊重国际法都是非常重要的；
- 要考虑出口物品在不合理条件下在购买国内改变最终目的地或被再出口的风险；
- 要考虑出口物品与接受国技术和经济能力的相容性。

欧盟国家对透明性做出了承诺，即欧盟成员国同意彼此之间交流决定情况，包括那些不出口商品的决策。此外，相继决定出口类似物品的欧盟成员国已一致同意它们必须向其他成员国解释它们的决策（《共同立场》第 4 款）。① 这样，人们希望《共同立场》能够减少"如果我们不出售，其他国家将会出售"的论调的影响。重要的是，《共同立场》认可每个国家可能面临着不同的压力。尽管它声称欧洲各国决心在出口管制和限制方面设定高的最低标准，它也认可成员国将国防工业作为它们工业基础和国防活动一部分的意愿。它还声称，《共同立场》"将不会影响成员国执行更严格国家政策的权利"。

英国的政策：促进英国的防务出口是英国的长期政策，尽管多年以来追求政策目标的热情不同。这也是 1964 年成立政府机构国防装备出口服务局（DESO）的目的。而戈登·布朗（Gordon Brown）领导下的工党政府（2008～2010 年）减少了对这方面的重视，将国防装备出口服务局重新命名为国防与安全组织（Defence & Security Organisation，DSO），并将其从国防部移出，并入商业、创新与技能部（Department for Business，Innovation & Skills，BIS），但英国需要出口来维持其国防工业生存的基本认知实际上并没有改变。

然而，出口受到了管制是一直以来的实际情况。历届英国政府都坚决表明，不会向联合国、北约或欧盟实施武器禁运的潜在购买方出售武器，不仅如此，"英国长期以来的立场是明确的：如果拟出口物品可能诱发或延长地区或国内冲突，或可能被用于助长内部镇压，当

---

① 第 4 款指出："成员国应当通报已被拒绝申请的详细情况……并附加解释……在任何成员国向过去三年内已被另一成员国否决的基本相同的交易授予许可之前，应当首先咨询发出否决的成员国。如果在咨询之后，该成员国仍决定要授予许可，它应当通知签发否决的成员国，并给出具体理由。"

117　　我们判断出明确存在这种风险时，我们将不会签发许可"。① 英国政府希望它们自己成为防务出口积极但谨慎的支持者，在这一点上它们表现出相当的连续性。

　　同德国和美国一样，英国的防务出口政策也反映出三个国家形成同一立场的多个国际协定，以及在全球都可能非常重要的于 2013 年签订的联合国《武器贸易条约》（Arms Trade Treaty）。关于防务出口的《欧洲共同立场》中的八条准则几乎不会强制政府拒绝出口。对允许甚至鼓励向非民主国家的防务出口，英国有着追踪记录，最引人注目的是向阿拉伯半岛的出口，因为英国在此有着更为广泛的政治和产业利益。这种做法确实意味着根据英国法律和政策做出的各种决策之间偶尔会存在一些矛盾。在英国社会中有个小而活跃的团体，最突出的是反对武器贸易运动（Campaign against the Arms Trade），他们几乎从原则上反对防务出口，并游行抗议例如范罗堡航空展（Farnborough Air Show）和两年一度的英国国际防务展（DSEI exhibition）这样的市场营销活动。

　　德国的政策：相比同类国家，德国历来更不愿承担防务出口可能会导致问题的风险；事实上，可以这样说，对将武器出售给任何可能真正需要使用它们的政府，德国一直保持着警惕。在前总理格哈德·施罗德（Gerhard Schröder）领导下的社会民主党和绿党联合政府通过了一个不具有法律约束力的政治文件，即关于军事装备出口的《政治原则》（Political Principles），它认为对发放防务出口许可采取限制性

---

① 政府立场引述自 House of Commons Business, Innovation and Skills, Defence, Foreign Affairs and International Development Committee, *Scrutiny of Arms Exports*（2012）：*UK Strategic Export Controls Annual Report 2010, Quarterly Reports for July to December 2010 and January to September 2011. The Government's Review of arms exports to the Middle East and North Africa, and Wider Arms Control Issues*, Vol. 1（London：The Stationery Office, July 2012），p. 6。

政策是理所应当的。

与美国不同，更与英国不同，关于武器出口政策及其实施在德国有着积极的讨论。很多德国评论家和反对派政治家批评政府明显愿意将武器出口到人权记录差的国家，他们认为应当一直保持德国防务出口政策的限制性特点。① 德国社会民主党（SPD）联邦议院党团副主席格诺特·埃尔勒（Gernot Erler）批评了政府，理由是"在签发防务出口许可时，如果对人权的考虑确实起到了作用的话，也只是从属作用。而 2000 年采纳的关于防务出口的政治原则在这方面的内容才是许可签发程序中至关重要的组成部分"。②

118

另一方面，支持政府针对武器出口措施的国防部长托马斯·德·迈齐埃（Thomas de Maizière）强调，"我们（德国政府）已并将继续主张一种限制性的防务出口政策。然而这种政策不但要符合人权标准，还要符合与地区稳定有关的标准……仅把人权作为唯一标准是不够的"。③ 政治原则也确实支持了考虑多重外交和安全政策标准的需要，这是经常被批评家（有意或无意）忽略的一个事实。这些原则宣称，例如，存在可疑人权记录的国家"将不会被授予战争武器的出口许可……除非是在特殊情况下，基于特殊的外交和安全政策理由，适当关注联盟利益，才会例外地获得批准"。

鉴于这是近些年来德国政府政策的共同之处，德·迈齐埃"告诫尤其是社会民主党人士对政府政策的批评"，指出"社会民主党和绿党中正在抵制防务出口交易的人员，当他们执政后也会采取相同的政

---

① 参见"Frühzeitige Veröffentlichung der Rüstungsexportberichte sicherstellen-Parlamentsrechte über Rüstungsexporte einführen", Antrag der SPD Fraktion, Drucksache 17/9188, 28 March 2012, 作者译。

② Gernot Erler, "Rüstungsexporte", SPD press release, 21 September 2012, 作者译。

③ Thomas de Maizière, quoted in Augengeradeaus. net, "De Maizière zu Rüstungsexporten", 21 September 2012, 作者译。

策"就毫不令人奇怪了。①

德国一直且仍是很多合作项目的参与者，就出口而言，这些项目被视为机遇而不是问题。从原则上看，尽管细节没有被披露，但据了解，欧洲合作项目的任何一个参与国都有权否决一项拟定出口。实际上，据作者所知从未发生过这样的情况，尽管基于这种考虑，必然不会开展某些潜在的销售活动。德国反而已满足于允许另一个合作者在合作产品的市场营销和销售中牵头。最鲜明的例子是它与法国联合开发的米兰（MILAN）和霍特（HOT）导弹，以及狂风（Tornado）战斗机。德国不会将狂风战斗机作为本国产品出售给沙特阿拉伯，这是因为后者的政治制度以及与以色列处于敌对状态。然而在 20 世纪 80年代，德国允许英国宇航系统公司和英国政府进入那个市场。在所谓的"第三国"需求不断增长的背景下，防务出口管制制度日益成为德国国内引起广泛争议的话题。

119　　**美国的政策**：根据《武器出口管制法案》（1976），美国政府必须要考虑出口是否"将有助于军备竞赛，有助于大规模杀伤性武器的发展，支持国际恐怖主义，增加冲突爆发或升级的可能性，损害双边、多边军备控制、不扩散协议或其他协议的发展"。② 这显然要比欧盟国家所认定的关注范围更为狭窄，后者涉及滥用人权以及国家要负担采购装备的能力，但如果和欧洲安全与合作组织以及联合国安理会的条款相比，美国在相关问题方面所认可的范围更大一些。

直到 2007 年，美国只对加拿大给出了特殊待遇，形式是略微放松了管制。然而当总统乔治·W. 布什（George W Bush）与英国首相托

---

① Thomas de Maizière, quoted in Spiegel Online, "Panzer für Saudi-Arabien: De Maizière verteidigt möglichen 'Leopard' -Deal", 9 July 2011, 作者译。

② US Congress, *Arms Export Control Act* 1976.

尼·布莱尔（Tony Blair）就《英国—美国防务贸易合作条约》达成一致后，这种情况就发生了变化，在该条约之下，只要出口到英国的特定目录中的物品是出售给核准目录中的公司的，这些物品就不再需要获得许可。同样的安排也应用到了从英国出口到美国的豁免物品上。直到 2010 年美国才批准了这个条约，豁免清单较为有限，包括了很多解密后（但仍受到管制）的物资。① 截至 2013 年年中，大约有十几家公司已申请并被接受列入了该核准目录，大约有三倍于此数量的公司在考虑这件事情。目前尚不清楚有多少家被核准的公司争取那种地位，是因为它们感觉到在官方所做出的所有努力中正是外交努力促使该条约生效，还是因为它们期望这种地位确实带来优势和节约。澳大利亚是其他国家中唯一一个与美国签订类似条约的国家，但无论是澳大利亚、加拿大还是英国对美国商品的再出口都没有任何特殊的自由裁量权。

政策的实施和出口管制

要想更广泛地评估德国、英国和美国的相同点和不同点就必须考察他们关于出口管制都做了什么、说了什么，也就是在特定情况下这些法规和政策实际是如何使用的。

德国政策的实施情况：德国在 2010 年防务出口活动中（已签发许可和实际出口的）的关键高价值产品是昂贵的武器装备，如潜艇、战舰和坦克。与出口相关的个人出口许可中 71% 指定出口到欧盟、北约和等同北约的国家，29% 指定出口到包括印度、巴基斯坦、沙特阿拉伯、新加坡和阿拉伯联合酋长国在内的其他国家。从价值方面看，在 2010 年出口的所有武器中有 77% 提供给欧盟、北约和等同北约的国家，23% 交付给了第三国。发展中国家得到的德国武器的总价值为 1.085 亿欧

120

---

① 参见 B. Salzman, "Passed At Last: The US/UK Defence Trade Treaty", 7 October 2010。

元（是德国 2010 年全部武器出口的 5.1%，该比例在 2009 年为 3.9%）。

此外，2013 年防务出口议程显示，政府有压力以一种更为宽松的方式解读其政策，特别是在涉及非民主政府和新生民主政府时，政治分歧也会产生压力。

2012 年 7 月，德国政府证实卡塔尔政府已表达了购买 200 辆豹 2 型（Leopard 2）主战坦克（main battle tanks，MBTs）的意向，这种坦克由位于慕尼黑的武器生产商克劳斯·玛菲·威格曼公司建造（Kraus-Maffei Wegmann，KMW）。因此，卡塔尔加入了购买德国制造的高技术军事装备的极具争议的潜在买家集团，这个集团还包括沙特阿拉伯、印度尼西亚和埃及。

沙特阿拉伯及印度尼西亚也有兴趣采购豹 2。沙特得到了 270 辆最先进的 "A7 +" 型坦克，印度尼西亚采购了 130 辆二手的 A4 型坦克。埃及就其本身而言，正在试图购买两艘由位于基尔（Kiel）的霍瓦特－德意志造船厂（HDW）建造的 209 型潜艇。霍瓦特－德意志造船厂已向以色列出售了 3 艘同样型号的潜艇，到 2017 年还要再交付 3 艘。阿尔及利亚与德国公司蒂森克虏伯海事系统公司（ThyssenKrupp Marine Systems）签订了 4 亿欧元的合同，至 2017 年，该公司要交付两艘 MEKO A－200 型护卫舰，包括可在甲板起落的直升机。

尽管截至 2013 年年中，来自多哈、利雅得、雅加达和开罗的采购需求仍未得到德国联邦安全委员会（Federal Security Council，BSR）的批准，但对 "第三国" 的高价值防务出口清单引起了极大关注。然而，将主战坦克，如豹 2 以及潜艇和护卫舰看作用于国内镇压的工具是有问题的，这减轻了人权问题的敏感性。德·迈齐埃也指出了这一点，强调 "这种类型的防务出口为签发出口许可建立了另外一个准则"。[①]

---

① Thomas de Maizière, quoted in *Die Welt*, "Verteidigungsminister de Maizie're verteidigt Rüstungsexporte", 5 August 2012，作者译。

目前，对政府遵守《政治原则》的情况做出最终判断还为时尚早。一方面，在 2012 年德国联邦国防军和国防部高级指挥人员一年一度的聚会——德国联邦国防军大会上，安吉拉·默克尔（Angela Merkel）重申，政府"没有意向放松限制性的防务出口政策或弱化人权的重要性"；另一方面，她也表明："如果你认为有义务去维护和平，但却无法承担在世界上每个地方积极维护和平的角色，你也可以响应号召对可信赖的伙伴努力承担这些责任给予支持"，她进一步指出"其他国家和区域组织应当不仅被鼓励，而且应当通过训练和装备支持使他们自己能够解决具体的冲突问题"。[①]

这样，默克尔回应了她之前在 2011 年 10 月的一次演讲，其中她解释说"如果德国回避军事干预，仅对其他国家和组织致以鼓励之词通常是不够的"，这反过来意味着，德国也必须为那些准备介入的国家提供必要手段，并强调这包括武器出口。

这种方法与 1969 年尼克松主义（Nixon Doctrine）的第三大宗旨具有一定的相似性。这一宗旨认为，当提出的请求与条约承诺相一致时，美国应当提供军事和经济援助，但需要提出请求的国家"承担为其自己的防卫提供人力资源的主要责任"，重复提出这样一种方法可被看作德国防务出口政策发生实质性变化的早期信号，它将最终要求修订《政治原则》。

英国政策的实施情况：英国在被授予或被拒绝的许可数目和特点方面都是非常透明的，外交部（Foreign Office）每年会就此公布一份长篇年度报告，来自下议院（House of Commons）的一个汇集了国防、外交、国际发展和商业、创新和技能部（BIS）特别委员会人员的特

----

① Angela Merkel, 由 n-tv. de, "Instrument der Friedens-sicherung: Merkel wirbt für Rüstungsexporte" 引述，2012 年 10 月 22 日，作者译。

别小组会定期审核这份报告。① 事实上，对英国而言，它的"《战略
性出口管制报告》（Strategic Export Controls Reports）显示了政府在英
国武器出口管制方面保持透明并负有责任的承诺。它根据目的地给出
了包括实际出口以及什么装备已被获准出口的详细信息"。②

然而，出口管制的实施在英国仍难逃诘难，有些地区鼓励报刊
和国会不时地甚至经常关注这一方面。这里有很多例子，其中最著
名的是在与沙特阿拉伯的"和平鸽"（AL-Yamamah）交易中，防务
企业甚至政府部门牵涉到收受贿赂的情况。结果，英国宇航系统公
司采用了由资深法官伍尔夫勋爵（Lord Woolf）设计的准则来指导英
国宇航系统公司员工的行为。通常情况下，国防工业部门总是被怀疑
特别参与了腐败行为，受到了著名的反腐败非政府组织透明国际
（Transparency International）的极大关注。③ 在这方面，英国的一个重
要做法是不再授予防务公司任何更广泛法律下的特别豁免权，自2012
年《反贿赂法案》（Bribery Act）生效以来更是如此。自从2010年12
月以来，阿拉伯觉醒（Arab Awakening）事件尤为凸显了英国通过武
器供给支持那些在不久之后或许会倒台的政权可能会给英国的长期利
益带来风险。中东地区的继任政府可能会对英国的国防和经济利益充
满敌意，因为英国过去与其前届政权关系密切并支持他们。自2011
年以来的埃及事件已凸显了在政策实施方面的这些特殊挑战，不仅对
英国政府，对所有为埃及军队提供某种形式援助的西方政府都是如
此，而美国作为埃及在这方面最大的供给国，面对的困境也是最大
的。重要而且或许可预期的是，英国避免将2013年7月推翻总统穆

① HM Government, *United Kingdom Strategic Export Controls Annual Report* 2011（London：The Stationery Office，July 2012）.
② UK Foreign Office homepage，http：//www. fco. gov. uk，2013年6月12日访问。
③ 参见 Transparency International，"Our Work With the Defence Industry"，http：//www. ti-defence. org/what-we-do/defence-industry，2013年10月17日访问；特别可参考 Martin Pyman et al，"Defence Companies Anti-Corruption Index"。

尔西（Morsi）事件定义为一场军事政变，相反称它为"军事干预"。这样做的影响是美国政府可以更容易地采取相似立场，这意味着可以回避按照美国法律规定，对处于军事政变中的埃及中止军事援助的要求。[①]

美国政策的实施情况：对美国而言，防务出口是其外交和安全政策的一个关键要素，它的军事援助项目远远多于英国和德国，这些项目包括对外军事资助（Foreign Military Financing）资金对美国提供的军事商品和服务给予补贴。[②] 正如 2013 年夏天不得已对埃及实施武器禁运所体现的，以及对以色列多年来使用美国装备的反应所表明的那样，华盛顿不会轻易让那些可以看作暂时挫折的事情致使其长期关切偏离轨道。

正如所指出的那样，当一个元器件嵌入到一个武器系统中或被认为具有军事用途，它就成为按照《国际武器贸易条例》和《出口管理条例》受制于出口管制的对象。那个物品或使用它的系统在向国外销售时因此也需要得到美国政府的批准。这当然意味着当美国在世界范围内供给在其国内开发和生产的技术时，美国政府会在技术的全寿命周期内实施管制，不管这些物品的主要目的是民用还是军用。因此，在实践中，美国普遍地对全部或部分产自五十个州的所有商品和服务实行出口管制。

123

[①] H Alexander, "World Reaction to Egypt Coup", *Daily Telegraph*, 4 July 2013; Robert Fisk, "When is a Military Coup not a Military Coup", *Independent*, 4 July 2013; K Ghattas, "Egypt is Still not a Military Coup in Washington", *BBC News*, 18 July 2013.

[②] 参见 US Department of State, "Foreign Military Financing (FMF)", http://www. state. gov/t/pm/65531. htm, 2013 年 10 月 2 日访问；还可参见 "Foreign Military Financing Account Summary", http://www. state. gov/t/pm/ppa/sat/c14560. htm, 2013 年 10 月 2 日访问；US Census website, http://www. census. gov/compendia/statab/2012/tables/12s1299. pdf; http://www. census. gov/compendia/statab/2012/tables/12s1298. pdf, 2013 年 10 月 16 日访问。

美国的出口法规明确区分了直接将来自美国企业的商品销售给美国权力机关批准的外国政府和美国基于政府同政府关系所进行的对外军事销售（Foreign Military Sales）。后者的例子有 2007 年美国提供给沙特阿拉伯的价值 200 亿美元的陆地和空中系统的一揽子出口交易，之后还有向巴林、科威特、阿曼、卡塔尔和阿拉伯联合酋长国以同一笔交易进行的价值 200 亿美元的一揽子出口交易。[①] 事实上，政治因素促成了这次交易；它是对海湾合作委员会（Gulf Cooperation Council）宣称支持他们所谓的反恐战争的一种回报，同时，让一些关键国家成为美国的附属。这个例子表明，出口管制是政治性的，而非商业或官僚主义工具，其目的是提高并保护美国的实力。[②]

类似这样的大合同意味着，防务装备对外销售的过程以及相应的、从美国向其盟友的技术转移构成了反复考验供应方、购买方和规制方的旅程。实际情况还远不止于此。事实上，在从美国当局获取出口许可方面可能存在着重大的系统性延迟，主要是由于联邦体系内的巨大官僚机构以及权力和责任的行政配置。每年有大约 80000 个出口许可申请，它们必须首先提交给国务院，如果获得批准，然后要提交给五角大楼，之后才可能获得出口许可。即使是文件要进入到这个系统中也往往要等待 8 至 10 周。全部过程延迟长达一年也不意外。由此大致可以推断，美国的出口体制是高度政治性和高度官僚主义的；事实上，正是官僚机构常常能够起到保护美国技术的作用，因为久经考验且受挫的商业申请者会放弃参与到这个体系中。[③]

在欧洲许多工业部门和政府官员中存在着这样一种认识，即美国

---

① Simeon Kerr, "Oil Rich States Step Up Market Presence", *Financial Times*, 10 September 2007.

② Jacques S Gansler, *Democracy's Arsenal: Creating a Twenty-First Century Defence Industry* (Cambridge, MA: MIT Press, 2011), p. 151.

③ Lincoln Bloomfield, Jr, *Export Controls and Technology Transfers: Turning Obstacles into Opportunities* (Washington, DC: Hudson Institute, 11 September 2006).

有时会使用其出口管制实现商业目的，换句话说，要阻碍含有美国技术的更大型欧洲系统的销售。这方面一个可能的例子是在 2011 年到 2013 年，英国雷声公司（Raytheon）无法获准向沙特阿拉伯出售其宝石路 IV（Paveway IV）激光制导炸弹（此款炸弹的大部分在英国生产，但有一些部件来自美国）。给出的一个解释是，美国工业部门的游说者担心如果将宝石路 IV 整合到沙特阿拉伯的台风（Typhoons）战斗机上，这款战斗机将会成为美国同类战斗机在全球市场上更具有挑战性的竞争者。2013 年 7 月的报告声称美国正打算改变它的立场，尽管后来有些人认为这份报告试图阻止另一种武器，即法国的模块化空对地武器（Armament Air-Sol Modulaire）与沙特的台风战斗机整合在一起，而这种武器已装备到沙特的狂风（Tornado）战斗机上了。美国的正式立场是它不希望中东国家获得宝石路 IV 的精确制导炸弹能力。

有些人相信，当涉及相对不敏感的技术，包括小型武器时，美国的限制实施起来不会太严格，美国军备控制协会（Arms Control Association）就在这些人中。① 意识到管制在实施中是分层级的，这开始引起华盛顿和盟国政府的担忧，武器管制在实践中很灵活，并没有其倡议者所设想的那样严格。②

政府的决策

这本著作中所分析的不同政府显然有着不同的行政结构，而且它们对哪个行政部门应在出口管制问题上承担领导作用也有着不同的看法。

---

① B Benowitz and B Kellman, "Rethink Plans to Loosen US Controls on Arms Exports", Arms Control Today（April 2013）.

② Jacques S Gansler, *Democracy's Arsenal: Creating a Twenty-First Century Defence Industry*（Cambridge, MA: MIT Press, 2011）.

在德国，联邦经济技术部是工业部门保护涉密信息的最高权力机构，同时也是发放商业交易许可的机构。① 其他行政部门承担多种责任，包括处理战争武器问题（财政、内务和国防），它们在其能力范围之内承担各自发放许可的职责。

联邦经济和出口控制办公室（Federal Office of Economics and Export Control，BAFA）是在联邦经济技术部管辖之下运行的一个附属机构，它负责依据《对外贸易和支付法案》及《条例》批准或否决出口许可。任何有可能带来特定政治影响的项目都要由联邦经济和出口控制办公室提交给联邦政府做出政治评估。德国联邦安全委员会是由联邦总理主持的内阁委员会，通常由它来审议由于收货人所在国家、所涉及军事装备或交易数量而显得比较特殊的出口项目。委员会成员由外交部、财政部、内政部、司法部、国防部、经济技术部以及经济合作与发展部的人员组成。因此，尽管存在着很多相关文件、实践和指引，但德国政府对出口管制问题的处理显得非常官僚主义，协调程度差，相互矛盾且混乱。

在英国，即使对国防产品而言，商业、创新和技能部是签发许可的部门，尽管它要与其他相关部门特别是国防部、外交部进行广泛协商。在相关的地方，情报部门也会参与意见。

潜在购买国政府或作为卖方的公司在不了解被授予出口许可的可能性之前都不会展开全方位谈判，英国和德国都有办法解决这种情况带来的问题。在德国，过去几十年中所谓的提前调查的做法已成为惯例。这种做法确保公司在早期阶段就能够明确，就一项销售合同的协议而言，假设在交易环境保持不变的情况下，是否能在之后的某个时间获取所必需的出口许可。对这些提前调查做出裁决的标准与对出口

---

① "Gesetzes über die Voraussetzungen und das Verfahren von Sicherheitsüberprüfungen des Bundes (Sicherheitsüberprüfungsgesetz-Sü G)", para. 25.

许可申请做出裁决的标准相同。

与战争武器相关的提前调查必须提交给联邦外交部，而与其他军事装备相关的提前调查则必须呈交给联邦经济和出口管制办公室，这与实际申请许可的情况是一样的。在这种情况下，重要的项目被提交给联邦政府做出裁定。提前调查的目的是尽可能早地让人们看到后续许可程序的结果，以便做出可靠的规划，尽管它不能代替真正的出口许可。

在英国，可以通过国防部表格 680（Form 680，F680）获得一些实际指导。简单地说，在对潜在出口项进行营销时通常需要向未来客户提供关于系统特征和性能的信息，而其中的一些信息往往是保密的。为了能够发布这些信息，公司必须以一种特定形式向相关权力部门进行申请，在这种情况下，国防部被认为在评估这是否将危及英国军事优势方面承担着领导责任。根据政府网站所称，"对即将开始进行市场营销活动的公司，表格 680 给出了是否可能获得出口许可的参考，但并未排除对出口许可的需要"。①

从非常实用的层面上看，过去在英国对获取许可所花费的时间问题存在明显的担忧，因为所涉及的工作量巨大，而且商业、创新和技能部及其他部门从事处理申请工作的人员数量有限。在这方面已投入了巨大努力，英国政府每个季度会公布关于这个问题的相关信息。表 10 给出了节选自《商业、创新和技能部季度报告》（*BIS Quarterly Report*）的信息（包括 2012 年 4 月至 7 月），它显示，可预期的是，标准个人出口许可（SIELs）和单个个人贸易管制许可（Single Individual Trade Control Licences，SITCLs）要比公开个人出口许可（OIELs）办理得快得多（"标准个人出口许可通常允许按照许可规定

126

127

---

① 参见 UK Trade and Industry，"Export Control"，http://www.ukti.gov.uk/defencesecurity/defence/exportcontrol.html，2013 年 10 月 2 日访问。

将不超过指定数量的特定物品运输给特定收货人……；公开个人出口
许可是指定给个人出口商的，并允许将指定物品多次运输到指定目的
地及/或在某些情况下，运送给指定收货人")。① 表 10 中以欧盟、北
约，友好的和主要发展中国家为样本，它显示出，相比目的地是美国
或日本，如果目的国是主要的欧盟国家，其审批程序要快得多，公开
个人出口许可尤为如此。

表 10 贸易管制许可的例子

	法国	德国	日本	美国	印度尼西亚	全球平均
标准个人出口许可/单个贸易控制牌照（SIELs/SITCLs）						
程序用时中间值（天）	13	12	6	12	17	14
在 20 个工作日内完成的数量	79%(99)	83%(105)	91%(11)	82%(209)	71%(33)	17%(2958)
在 60 个工作日内完成的数量	97%(121)	100%(126)	91%(11)	98%(248)	95%(44)	95%(3905)
被否决的案例	0%	0%	0%	0%	0%	1%(49)
放开个人出口许可证/放开单个贸易控制牌照（OIELs/OITCLs）						
程序用时中间值（天）	33	23	134	76	87	61
在 20 个工作日内完成的数量	44%(11)	47%(11)	14%(1)	22%(6)	14%(1)	26%(35)
在 60 个工作日内完成的数量	68%(17)	56%(13)	14%(1)	44%(12)	42%(3)	49%(62)
被否决的案例	0%	0%	0%	0%	0%	2%(30)

资料来源：英国商业、创新和技能部（Department for Business, Innovation and Skills）。

---

① BIS, Strategic Export Controls, "Country Pivot Report", pp. 3, 7.

　　在美国，尽管很明确的是，公司必须获得准许才能将关于系统的保密信息透漏给外国政府，然而在商业销售中存在着很多不确定因素。但是，如果一国试图通过对外军事销售项目获得一个系统，那么整个过程中的绝大部分交易将同美国政府进行。美国的另一个做法是所有价值超过 5000 万美元的可能的出口必须提交给国会，国会有三十天时间可以否决它。在规定的时间内如果对一项销售没有任何明确的反对就被视为达成一致同意，但这意味着美国政府官员会同国会就可能的出口定期进行联系，即使对对外军事销售项目也是如此。

　　在这个领域中，美国、德国和英国政府决策的最大不同是，在后两个国家中承担协调各部门观点责任的领导部门是贸易和工业部，它们强调要通过销售自然而然地发展国民经济。相比而言，在美国，国务院是领导部门，它强调国家安全，负责对《军火清单》上的物品签发出口许可，商务部（Department of Commerce）仅负责两用技术。由于在国家安全和国防政策的很多其他方面很容易地就被国防部掩盖了光彩，尽管国务院显然不适合承担这个角色，但是它也不可能轻易放弃这个权力。

　　政府决策对防务企业的影响：防务出口管制会构成防务公司管理和财政负担，他们必须雇用大量受过训练的人员去完成许可申请，并确保公司合规。当与合作项目，例如台风战斗机和 A400M 运输机有关的部件和子系统从一国转移到另一国时，它们仍需要出口许可，尽管可以获得公开的许可。这显然会给跨国防务企业增加负担，比如泰利斯（Thales）和雷声，这些公司或许希望在一国生产子系统，然后将它们转移到另一国组装成一件更大的产品。因此，欧洲委员会（European Commission）已在寻求欧盟内部的协调，放松防务产品转

128

移规则就不足为奇了。① 然而，必须认识到对国家方针的最终要求不仅仅涉及政策。

在这一方面，对美国的法律和实践的需求是尤为复杂和烦琐的，因为它坚持要求所有受管制商品的进一步转移都要获得批准。② 因此，一架英国飞机（包含 10000 个部件）可能包含 20 个产自美国的低维子系统，在它能够出售给第三方之前，将需要获得来自美国的 20 个许可。如果飞机因为大修被返回了英国，它将需要新一轮的许可，而且在它能够回到其"所有者"手中之前还需要另一轮许可。怪不得美国以外的公司往往把提供一个"无《国际武器贸易条例》约束"（ITAR-free）型防务产品视为一种有利的销售特征。

对国防工业和政府来说，隐藏在这明显挑战之下的正是信息管理问题，它要求政府和公司在数十年内（并通过产品升级）在一个大系统中持续追踪获得许可的技术。

防务公司、卡特尔和非国家投资

经济体中的一个部门由少数几家企业或单独一个公司占据主导地位就可能导致原本相互竞争的企业之间形成共谋并操纵价格。因此在英国、德国和美国都有针对卡特尔的反垄断立法。

自从建立单一市场以来，欧洲委员会就是欧洲国民经济主要的规

---

① EU Commission, "Directive 2009/43. EC of the European parliament and the Council, 6 May 2009: Simplifying Terms and Conditions of Transfers of Defence-Related Goods within the Community", Official *Journal of the European Union* (10 June 2009).

② 参见，例如 "Why Do US Export Controls Affect Non-US Companies", http://www.thefreelibrary.com/US + Export + Controls + and + Non-US + Companiesa01073983734, 2013 年 10 月 2 日访问。

制机构。① 然而，对那些绝大部分产品包含在《里斯本条约》（*Lisbon Treaty*）第 346 条中的防务企业，该委员会是不具有权力的。例如，英国宇航系统公司通过并购成为英国军用飞机、造船和潜艇领域的垄断企业，这些并购得到了英国国防部的许可，而欧盟没有发言权。如果英国宇航系统公司与欧洲宇航防务集团的并购在 2012 年 10 月取得了进展，委员会的角色将是一个有趣的案例，因为英国宇航系统公司是一家占优势地位但并非独一无二的防务公司。

从国家层面上讲，政府或许确实对待防务企业有所不同，因为本国市场的规模以及在不同的防务领域内保持专长的高昂成本已迫使政府在不同领域内接受垄断和双头垄断。在整个欧洲，包括海军舰艇建造和全履带装甲车在内的领域中存在的问题是仍有太多供应商（不像在美国，常常是太少）。但英国国防部仍不得不保证特定的政府支出用以建立复杂武器团队（Team Complex Weapons），它给许多公司，比如欧洲导弹集团和奎奈蒂克分配了一系列有保障的任务，以便英国能够更为广泛地保持设计、开发、建造、测试和支持系列现代导弹的能力。这种做法因此伴有反竞争行为。

德国防务领域内规制国家卡特尔的一个例子是军队维护系统的再

---

① 在共同体维度上的任何合并项目都要由位于布鲁塞尔的欧洲委员会进行审查。根据 "2004 年 1 月 20 日关于控制企业集中度的第 139/2004 号理事会条例（Council Regulation，EC）[欧洲共同体并购条例（EC Merger Regulation）]" 第 1 条，共同体维度上发生了集中，如果"（a）所有相关企业全球范围内的总营业额超过 50 亿欧元；并且（b）至少两家相关企业中的每一家在共同体范围内的总营业额超过 2.5 亿欧元，除非每一家相关企业在相同的一个成员国中获得的收入超过其在共同体范围内总营业额的三分之二"。除了规定这些阈值之外，欧洲共同体第 139/2004 号条例认为一个集中发生在共同体维度上，如果"（a）所有相关企业全球范围内的总营业额超过 25 亿欧元；（b）在至少三个成员国中的每一个国家内，所有相关企业的总营业额超过 1 亿欧元；（c）为达到（b）条所包含的至少三个成员国中的每一个国家中至少有两个相关国家，其中每一个国家总营业额超过 2500 万欧元；并且（d）至少两个相关国家中的每一个国家在共同体范围内的总营业额超过 1 亿欧元，除非每一家相关企业在相同的一个成员国中获得的收入超过其在共同体范围内总营业额的三分之二"。

次整合，之前它已通过公—私部门伙伴关系（PPP）协议被私有化了，并成立了德国政府与陆军后勤股份有限公司（Heeresinstandset-zunglogistik，HIL）。联邦卡特尔管理局（Federal Cartel Office）发起了一项逆私有化程序，因为在工业部门方面存在着潜在的利益冲突，公司既承担着订立合同的权力机构角色，同时又是承包商，最终，它鼓励德国联邦国防部重新购买了私人部门持有的这家公司的股份，从此，德国政府与陆军后勤股份有限公司从一家公—私部门伙伴关系公司变为了一家体制内的公司。①

相比之下，在美国 1993 年"最后的晚宴"② 后，美国政府积极鼓励国防主承包商合并，当 1999 年诺斯罗普·格鲁曼（Northrop Grumman）与洛克希德·马丁（Lockheed Martin）的合并被叫停后，这一进程被中止了。美国有一个以法律为基础的机构：美国外国投资委员会（Committee on Foreign Investment in the US，CIFIUS）有权批准或否决任何能够对包括新闻和娱乐行业在内的部门集中度造成极大影响的大规模外国投资。考虑到国内企业控制着涉密信息（如本章前面所讨论的那样），华盛顿通常乐见大量外国投资进入到美国的防务领域中，尤其是英国本土的公司，特别是因为它能够增加竞争。在有兴趣投资于美国的大型防务企业中，只有泰利斯发现难以完成在美国的投资，而芬梅卡尼卡（Finmeccanica）在 21 世纪之初就已收购了美国的 DRS 技术公司（DRS Technologies）。

另外，德国政府有权拒绝任何对德国防务公司的收购，这似乎表明德国对其信息管制缺乏信心，而且更关注未来的投资和承诺，所以

---

① Bundesregierung, "Regierungspressekonferenz vom 15. August 2012", http://www.bundesregierung.de/Content/DE/Mitschrift/Pressekonferenzen/2012/08/2012 - 08 - 15 - regpk.html，2013 年 10 月 2 日访问。

② 在 1993 年 7 月，美国国防部长威廉·佩里（William Perry）督促大型美国防务企业并购与合并以减少总运营成本，因为采办减少了。在五角大楼的一次晚餐会上（被称为"最后的晚餐"），佩里保证支持国防工业进行的独立整合活动。

不愿意准许国外投资进入到它的防务部门中。例如，它不允许泰利斯购买阿特拉斯公司（STN Atlas），并在2012年阻止了欧洲宇航防务集团与英国宇航系统公司的合并。

就英国而言，与国防工业相关的合并问题大部分是根据具体情况逐个处理的，尽管英国政府在劳斯莱斯和英国宇航系统公司中确实持有"黄金股"（golden share），这使它有权决定公司能否被收购以及被谁收购。对外国对国防工业的投资，英国要比德国开放得多，其结果是很多国防部的主要供给来源是外国所有的，尽管大量的开发和生产工作在英国进行。

就英国雇员数量而言，排位在英国宇航系统公司之后的最大防务企业是芬梅卡尼卡［它拥有阿古斯塔·韦斯特兰（Agusta Westland）和塞雷斯（Selex）］和泰利斯。洛克希德·马丁、雷声和诺斯罗普·格鲁曼都为英国带来了可观的价值，根据2002年《国防工业政策》（*Defence Industrial Policy*）文件设定的标准，它们都被视为"英国"企业，就如同欧洲宇航防务集团/空中客车（Airbus）那样。实际上，英国除了允许外国投资进入防务部门之外几乎没有选择，因为在20世纪80年代和20世纪90年代竞争性招标政策的压力之下，由于后冷战时期国防预算非常有限，很多防务企业，包括通用电子公司（General Electric Company）、普莱赛半导体公司（Plessey Semiconductors）、雷卡尔电子公司（Racal Electronics）和短程导弹系统（Shorts Missile Systems）公司都在挂牌出售自己，可能除了英国宇航系统公司以外在英国没有其他买家了。

131

对职业转换的限制

除了在是否能够招募尚未获得或无法获得安全许可证明的人员方

面存在约束之外，防务公司在是否能雇用那些的确拥有许可证明的个人方面也存在着限制。

政府总是希望能够对他们自己的防务人员从政府部门工作转移到私人部门工作施加控制，这往往基于两种原因。第一种原因是这类人员拥有专业的内部信息，这些信息在合同竞争中有利于某个特定公司。另一种原因是要减少部分政府防务人员所面对的诱惑，他们在竞标过程中偏向某个特定公司，是期望在离开政府部门后可以在那里寻求职位。

在英国，正式的规定是军事和文职人员必须在获得许可后才能在与国防相关的企业中工作，尽管有意识并遵守这些规定的情况并不普遍。未来雇主的竞争对手也具有发言权，规则是政府雇员在进入到与他们前任岗位相关的私人企业工作以前，他们需要留出三到十二个月的空档期。事实证据表明，这些规定带给高级人员的压力要比中等级别人员强得多。然而，限制措施必须要将实际情况考虑进来，即同德国一样，作为《欧洲人权公约》（*European Convention on Human Rights*）的签署国，英国必须认识到个人拥有为他们所选择的雇主工作的基本权利。

在英国，"旋转门"问题是个引发持续关注的情况，而德国实施了坚定的政府措施。私人部门对招募联邦国防军退役士兵和文职人员自然非常感兴趣，其目的是要获得他们在公共部门的大量经验，他们特定的使用者专长以及他们对作战要求的理解，并通过这些利用他们的能力，以消费者熟悉的语言解决问题，并获得进入已有公共部门网络的途径。然而，关于所有退役士兵和前文职人员职业转换的法律限制并非仅仅停留在高级别人员层面，而是包括了从公共部门到私人部门，还有服役结束后的保密义务，这些在德国是非常严格的。

根据德国法律，每一位享有服役养老金权益的退休职业军人或退役士兵必须向联邦国防部或其下属机构汇报他的新职业或在公共部门以外与他退役前五年内官方活动相关的，并可能损害政府利益的任何

其他就业岗位，而且在新工作开始之前他们就必须这么做。如果德国 132
国防部发现政府利益将受到损害，它可以禁止个人在披露义务的最长
时期内（退役后五年）接受这份工作，除非有理由执行一个较短的禁
止期。德国武装军队的文职人员也受到同样的约束。在德国处理这个
问题的另外一种方法是，军事人员的服役期一般比英国的更长，这意
味着很多退役士兵在收到养老金时就不那么愿意或没有那么多时间在
私人部门从事第二份职业了。在英国，一名一星级官员正常的退休年
龄是 55 岁，更高级别的官员在 58 岁或稍年轻一些时退休。德国同等
级别的官员可能要服役到 65 岁。

德国联邦国防部内政部（Internal Affairs Department，德语为
Referat Ermittlung in Sonderfällen，ES）或多或少地一贯采用这种法律
框架，特别是在涉及高级官员成为公共讨论焦点的引人注目的情况
下。有一个很好的例证，比如退休中将海因茨·马尔齐（Heinz
Marzi）的情况，内政部迫使他在 2010 年 11 月辞去了联邦德国安全和
国防工业协会（Federal Association of the German Security and Defence
Industries，BDSV）常务董事（managing director）一职，这是在他担
任这个职位 11 个月后，也是他从联邦国防军退休 20 个月后，因为这
与他之前的政府职位存在利益冲突。[1] 他的继任者格奥尔格·威廉·
阿达莫维奇（Georg Wilhelm Adamowitsch）是前联邦经济技术部
（BMWi）常任国务秘书（permanent state secretary），在他于 2011 年
接任常务董事时不受披露义务的制约，因为他从文职职位退休已超过
了 5 年。

除了披露义务期之外，联邦国防军的退役士兵和文职人员在离开

---

① *Spiegel Online*，"Rüstungsindustrie：Verteidigungsministerium stoppt Lobbyarbeit von Ex-General"，
6 November 2010，http：//www. spiegel. de/politik/deutschland/ruestungsindustrie-verteidigungsm
inisterium-stoppt-lobbyarbeit-von-ex-general-a-727674. html，2013 年 10 月 2 日访问。

所有他们在政府工作期间熟悉的涉密官方事务后仍有义务保守秘密。尽管这种法律框架具有限制性特点，但很多退役士兵和文职人员仍找到途径进入了国防工业中的私人部门，或是因为他们等待直到披露义务期结束，或是因为内政部没有合适的理由禁止职业转换。此外，非涉密信息的使用，比如，与采办有关的结构和程序，以及特殊能力的运用，例如像技术命令和作战语言，这些对企业长期的业务发展和战略定位来说都是极有价值的财富。

在美国，这种体制更为宽松，至少因为传统就是如此，人们可以暂时性地从私人部门进入到政府部门工作，而退休的政府员工也可以到咨询公司或其他私人部门任职。

资料8

英国的搜救直升机服务

2011 年，联盟组织索特里亚（Soteria）被指定为提供直升机搜救服务的英国政府合同的优先竞标者，并被准许接触敏感的商业信息。据称它从政府的竞标团队中雇用了一名军事官员。

由于消息曝光，且在苏格兰皇家银行（Royal Bank of Scotland）从索特里亚联盟退出之后，政府被迫中止了竞标程序。当后来竞标重新开始时，索特里亚选择不再参与，该合同最终于 2013 年由布里斯托集团（Bristow Group）获得，它将运营由西科斯基（Sikorsky）和奥古斯塔·韦斯兰特（Agussta Weatland）直升机组成的混合编队。

反贿赂和反腐败措施

对政府人员向公共部门转移能力的限制显然是与对贿赂或腐败的担忧有关系的。就像在所有其他商业部门中一样，反贿赂措施是在防务领域内规制公司行为的一个重要组成部分。在国内和国际防务市场上，腐败都是一个潜在的问题。

　　有人认为任何先进的工业社会，如果其政府有雄心在国际舞台上发挥作用，那么国防采办丑闻就不可避免。美国也不例外。20 世纪80 年代中期，国防部委托的一项调查显示，美国人民视国防采办体系中的浪费、欺诈和普遍的权力滥用为国家耻辱，解决这些问题是所有政党的政治责任。① 事实上，调查对象相信有近一半的国防预算以某种形式的浪费或欺诈损失掉了，承包商一直都是不诚实的。尽管几乎没有数据支持这种流行的且在某种程度上一直存在的说法，但关键是美国政府对此很敏感，并努力表明政府正积极杜绝浪费、欺诈和权力滥用的做法。然而，重要的是如何界定相关术语，因为他们不能被交替使用：② 浪费是由于管理不善，没有有效率和有效益地使用政府资金；欺诈是实施一种违法行为；滥用是一种无知的错误，但不是严格意义的违法行为。

　　格雷斯委员会（Grace Commission）是在 1982 年由里根（Reagan）总统针对美国政府中的浪费和无效率而发起的一项调查，正式名称是私人部门对成本控制的调查（Private Sector Survey on Cost Control），它发现国防部存在 100 个以上种类的浪费，国防部至少每年都要向国会报告管理和消除这些项目的进展。③ 按发生频率和价值来衡量，前三大类型是由承包商向政府收取的高额运营费用，这是由预算的不稳定性以及在国防项目设计阶段缺乏成本意识造成的。奥巴马总统在2010 年发起了《更优购买力》（*Better Buying Power*，BBP）倡议以及

134

① Packard Commission, "Survey of Public Opinion on Defense Procurement", GPO, 1986.
② Jacques S Gansler, *Democracy's Arsenal: Creating a Twenty-First Century Defence Industry* (Cambridge, MA: MIT Press, 2011), p. 193.
③ 参见 Grace Commission, "Final Report of the President's Private Sector Commission on Government Management", GPO, 1985。

它的衍生版本《更优购买力 2.0》，它是政府正在进行的项目，旨在指导联邦政府应对这些已察觉到的挑战。[①]

然而，现实中的浪费和无效率不同于管理不当和腐败的主流说法。在 20 世纪 80 年代和 90 年代，美国持续发生了多起引人注目的采办丑闻，国防部检察长的分析明确指出，"对浪费的每一美元……只有两美分被贪污掉了，其余的皆是因为管理不善而损失掉的"。[②]

事实上，认为欺诈是普遍存在的观点是错误的。一项分析得出结论，在审查的 330000 个美国采办项目中，只有 372 个被认为是存在问题的，这是一个在统计学意义上不显著的数值。[③] 另一项分析得出了相同的结论，在美国每年 1500 万项采办中，存在欺诈或滥用的比例低于 0.1%。[④] 因此，数据表明美国国防采办所面临的挑战并不体现在欺诈和玩忽职守的发生率上。

英国和德国也是如此：在国内的国防采办中并未完全杜绝腐败行为，但它们并不是突出问题。就腐败行为低发程度而言，透明国际的防务指数（Defence Index）将德国列入情况最好的一类中，而美国和英国均在 B 类中，但它们都位于世界最好的九个国家之中。[⑤] 然而，这部分的是因为政府的管制措施，其中一些或许起到了妨碍有效管理的负面影响。比如，英国项目团队领导人在岗时间被特意进行了限定（5 年是例外情况），以防止同主承包商之间发展成过于密切的关系。

---

① 参见 Center for Strategic and International Studies（CSIS），*Better Buying Power Initiative* 2.0（Washington，DC：CSIS，14 November 2012）。

② P Earley，"Sherick Seeks to Plug Pentagon Dyke"，*Washington Post*，26 November 1984.

③ Jacques S Gansler，*Democracy's Arsenal：Creating a Twenty-First Century Defence Industry*（Cambridge，MA：MIT Press，2011），p. 197.

④ Jacques S Gansler，*Democracy's Arsenal：Creating a Twenty-First Century Defence Industry*（Cambridge，MA：MIT Press，2011），p. 197.

⑤ 德国仅同澳大利亚一起位于 A 段，而 B 段还包括奥地利、挪威、韩国、瑞典和中国台湾。参见 Transparency International，http：//government. defenceindex. org/results/overall，2013 年 10 月 2 日访问。

但这可能会引发做出高风险决策的倾向，至少是因为在职人员想在分配给他们的时间内为项目打上他或她的标记：当项目结果变得明朗时，项目领导人将在不同的岗位上或许甚至已被人们忘却了。当然，公司必须意识到在不同国家"勉强可以接受"的做法在某种程度上是有差异的，对待向客户提供给公司娱乐活动的不同态度就是例证。

在德国，尽管政府不参与对贿赂行为的刑事诉讼，但它可将那些被认定为犯有此类罪行的公司和个人（且他们的可靠性因此受到质疑）排除在公共招标之外，并拒绝向他们签发产品出口许可。英国和美国在原则上也是如此。但当腐败确实发生时，在所有这三个国家中，防务市场垄断或寡头垄断的特点决定了在任何时期完全排斥一家被判定犯有腐败行为的公司都是不切实际的：如在 2005 年，波音公司高层员工因达琳·德鲁杨（Darleen Druyun）事件被判入狱，但是波音公司并没有被放入在此之后很著名的排除成员名单系统（Excluded Parties List System），而且仍有资格参与政府甚至国防部的合同（哪怕是放入很短的时间）。[①] 类似的，英国宇航系统公司在解决与"和平鸽"交易及向一家美国银行付款的有关指控时，在美国支付了可观的罚款（4 亿美元），但它仍是一家合格的美国承包商。[②]

然而，防务出口被广泛认为容易受到腐败行为的影响，并因此受到了透明国际的特别关注。[③] 基本的相关考虑是，本文所考察的所有三个国家都是经合组织（Organisation for Economic Co-operation and Development，OECD）反贿赂公约签约国，并通过适当的立法将这些承诺体现在国内法律之中。此外，根据国家法律，所有三个国家都有

---

① 现在位于系统授予管理系统（System Award Management System）之下，参见 https://www. sam. gov/portal/public/SAM/，2013 年 10 月 2 日访问。

② David Leigh, Rob Evans and Mark Tran, "BAE Pays Fines of £ 285m over Arms Deal Corruption Claims", *Guardian*, 5 February 2010.

③ Mark Pyman and Tiffany Clarke, "Raising the Bar: Good Anti-Corruption Practices in Defence Companies", Transparency International, June 2013.

136 权对其国民在其他地方开展的腐败行为提起起诉。

这些法律的中心要点是，尽管在很多方面都相似，但它们都有各自的不同之处和法律方面的细微差别。一个相对容易发现的不同之处是，美国法律允许使用"便利费"（facilitation payments）鼓励官员以恰当的方式完成他或她的工作（比如一名海关官员对进口到一国的合法商品准予放行），而英国法律则不允许。因此，具有跨国防务业务的机构需要了解它们是在什么样的法律下运营的。第二，这些禁止贿赂和腐败的法律制度没有任何针对防务企业的特别条款。第三，在出现腐败行为时进行起诉以及在判定有罪后实施严重惩罚，在这些方面各国政府的实际做法也存有差异。

结 论

本章将政府寻求规制和指引防务企业的不同方面总结在一起，这些防务企业不但是武装力量所需的关键资本资产的供应者，同时还是各种各样政府支持的受益者。

正如前面详细论述的，政府施加的管制对防务企业可获得的人力资源以及它们能够寻求的出口市场都产生着巨大影响。一项防务出口在被获准之前必须满足《欧洲共同立场》所指定的八条标准，如果这是事实的话，那么西方企业可利用的国际市场确实将被极大地限制。结果是，很多出口许可决策取决于相对其他考虑而言，对一种特定风险或影响因素赋予多大权重。因而，出口市场或多或少地需要政府和企业之间展开持续对话。

对信息、就业、出口和行为的管制范围反映出两方面的考虑，即国防发展和生产是极其敏感和重要的领域，以至于不能完全留给企业去做。而且政府仍感觉到不得不主要依靠私人部门进行这些活动，因为效率、行为和创新都更多的与私人部门联系在一起，而不是公共部门。

因此，在 20 世纪的绝大部分时间里，各国政府的核心事务就是努力引导本国企业，只不过如今的内容更丰富了。各国政府想要保留它们的特权，但它们所应对的这些企业日益建立在跨国的基础之上，它们在某种程度上可以选择在哪里进行开发、生产和保障性活动。企业会被吸引，把它们更多的业务活动集中在管制不那么严格的国家中，这是完全有可能的，因此才会把声誉受损和法律纠纷的风险作为在新的业务环境中开展经营的常设危险。

但是，即使在法律状况清晰的国家里，政治立场或许是不那么明确的。政府不会轻易放弃所管制的领域。如果出口中所包含的技术都是由英国开发的，华盛顿能够在法律上或政治上否决美国公司在英国设立的子公司的出口吗？如果美国公民是位于英国的美国公司在英国的董事会成员，美国政府能就代理了这样一项出口而起诉这名公民吗？与这些问题相关的情况都是不清楚的，恐怕只有通过对问题案例的处理才能弄明白。

最后，我们观察到，在本著作所考察的每个国家中，在出口国防相关装备的压力与管制愿望和模式之间存在着尚未解决的难题。比如，美国的商业卫星行业或许已遭受了损失，特别是它的很多要素处于《国际武器贸易条例》的管制之下，而不是在《出口管理条例》对两用物品的管制之下，出口到发射国需要许可，导致失去了很多销售机会。① 然而，对英国、美国和德国来说，在允许出售的风险、收益及拒绝出售的商业后果之间往往存在着复杂的平衡。

① R. Zelnio, "The Effects of Export Control on the Space Industry", *Space Review*, 16 January 2006, http://www.thespacereview.com/article/533/1, 2013 年 10 月 2 日访问。

第五章　政府—国防工业关系的意义

　　本篇白厅报告已讨论了政府如何管理它与主要在其领土范围内运营的防务企业之间的关系。前面章节的分析通过三个维度概括了政府的角色：它是这些企业的消费者、资助者和规制者。由于英国、德国和美国政府与其国内国防工业动态关系具有普适性，它们可以作为其他国家的范例。每个国家都有重要的本国国防工业部门，旨在维持向海外部署武装力量的能力。自从冷战结束后它们已参与了一些军事行动，除非是在军事行动发生前不久的时间内，否则这些军事行动难以预测。

　　本研究在早期就发现，尽管各个政府面临的挑战往往是类似的，但与本土国防工业基础相关的应对政策在本质上仍保持着国家特色。因此，政府如何应对这些挑战取决于一国的政治野心，它的文化、历史和世界观。不存在"一个适用于全部情况"的方法，但如果一个国家要发展与其必不可少的国防工业的有效关系，某些问题是必须要处理的。① 本章要讨论这些问题，以及基于本文研究得到的政策含义。

　　以下分析首先强调来自前面章节的核心结论和经验教训。然后重申了与围绕政府—国防工业关系所形成的观点有关的事实。之后的讨论概括了在一个对自己防务和安全负有责任的主要现代化国家中，发

---

① 参见 Sean O'Keefe and Gerald I Susman（eds），*The Defense Industry in the Post-Cold War Era：Corporate Strategies and Public Policy Perspectives*（New York，NY：Pergamon，1998）。

展政府—国防工业关系所要求的基本目标，然后开始考虑适当的特征，通过它们这种关系应该会取得成功。

然而，在分析这些结论之前必须强调一点，它虽简单却必不可少。政府—国防工业关系问题对所有公民来说都是非常重要的，不应当且事实上也不会被忽视。[1] 21世纪地缘政治体系的复杂性以及不断变化的国家安全环境使这个议题不可避免。然而很清楚的是，军事力量无法绝对保障人们免受各种类型的恶意威胁，因为遍布全球的恐怖袭击表明，军事力量是包括反恐活动在内的国家安全的关键要素，它们的表现、敏捷性和应变力主要是由其供给基础，也就是国防工业决定的。

一些核心经验教训

一直围绕英国政府"商业现货"式国防装备和服务采购的自由市场言论提倡通过一系列"公开竞争"欢迎"全球供应链"，尽管这种言论已令人厌烦了，[2] 但很清楚的是，全世界的政府从其职能上看，依然尽其所能资助或支持它们自己国家的国防工业基础。即使粗略地考察一下不同国家，如巴西、中国、土耳其、印度和阿拉伯联合酋长国，这都是非常显而易见的。在这种更广泛的观点之下，各国为在其领土范围内运营的防务企业建立起它们自己的体系和培育程序。在这个意义上讲，这样的做法对一个国家而言势在必行，且依不同国家的实际情况和目标而有所不同，但它明确地被确认为是国家的一种功

---

[1] 对这个观点的广泛讨论，参见 Aerospace Industries Association, "The Unseen Cost: Industrial base Consequences of Defense Strategy Choices", July 2009。

[2] 特别可参见 MoD, *National Security Through Technology: Technology, Equipment, and Support for UK Defence and Security*, Cm 8278 (London: The Stationery Office, February 2012)；还可参见 RUSI Acquisition Focus Group in *RUSI Defence Systems* (Vol. 14, No. 3, Spring 2012), pp. 14 – 16, 对这份文件的分析。

能。国防企业的生存以及安全保护，它们商业利益的提升以及为它们提供技能、能力和其他在防务价值链中能产生专业防务产品和服务的稀缺、珍贵的要素，这些都是政府无可逃避的职责。这本著作表明，无论此时的政治潮流是什么，都不可能是其他情况。

140

通过国防工业消费者、资助者和规制者的三重角色，我们能够发现在政府、一国军事部门及其国防工业基础之间存在相互加强和相互依赖的关系，国防工业基础由在本国领土上运营的大型和小型企业组成。

在某种程度上，企业总部最终恰巧在哪里注册或位于哪里已几乎不再是什么问题，因为资本资产的位置以及当地劳动力的知识和技能是最为重要的。当然，跨国防务公司意识到他们的结构具有潜在优势，公司能够选择最优国籍以便在国际防务展览和市场上运营。泰利斯（Thales）和英国宇航系统公司就是这样的公司，在几个他们指定为"本国市场"的国家中，他们让自己作为该国的实体出现，从而取得了某种程度的成功。

尽管如此，对政府和公司而言，特别是从欧洲的资助和规制来看，这种多国性质会在当前或未来产生一些问题。法国政府会满意它资助的泰利斯的研究工作转移到英国吗？像泰利斯或欧洲导弹集团这样的企业，国家对个人获取信息或技术转移的限制是如何妨碍了企业的效率和赢利能力的？促进英国产品和服务出口的国防与安全组织（Defence and Security Organisation，DSO）应该支持绝大部分在瑞典制造的英国宇航系统公司装甲车的销售吗？为了将一个部件从企业在一个国家的一个地点转移到另一家公司在国外的地点，企业所必需的出口许可会带来多少成本？

这些问题在欧洲尤为突出，欧洲的政府热衷于建设规模足够大、资源充分丰富的防务企业，以便能够与美国的同等企业展开竞争（及合作）。而这些问题与在美国运营欧洲企业有关，美国对信息和技术出口施加了非常严格的管制，使这些问题更突出。在美国进行投资的公司不能奢望获得许可，以便将来自美国的技术转移到欧洲（除非它与一项大型出口销售有关）。即使那样，它们在没有得到美国政府准许时仍无法在其他领域再次使用那项技术。

然而，本著作考察的所有三个国家都面临着防务出口规制提出的问题。洛克希德·马丁（Lockheed Martin）的英国分公司拥有相当数量的来自英国的技术，它能够将这些技术出口到华盛顿没有批准的市场吗？英国宇航系统公司（在美国的公司）可以向英国政府关注的国家出售产品吗？在这些方面还没有清晰的规定，也许要历经数十年并出现一些具有挑战性的案例后才能制定出清晰的指导方针。同时，当然也存在着这样的可能性，即公司选择在一些出口管制看似最松的国家进行研究、开发和生产投资。

欧洲进行项目合作的惯例或许对将会发生什么提供了一些线索。尽管建立合作开发和生产项目谅解备忘录（Memoranda of Understanding）的细节通常是保密的，但根据作者的理解，它们往往会包含使任何参与方都能够否决一项出口的条款。然而，政府也意识到，除了行使这种最珍贵的否决权之外的任何事情都将大大减少一国在未来作为合作伙伴的吸引力。因此，如果一国政府认为一项出口是合理的，那么其他伙伴国将不会对这样的选择提出质疑，这已成了默认的做法。20世纪 80 年代中期，根据最初的"和平鸽"（Al-Yamamah）项目，将"狂风"战斗机（Tornado）出售给沙特阿拉伯就是一个例证。之后德国采取了比英国还要严格的武器出口限制政策，不再向沙特阿拉伯出售这样的战斗机，把它作为国家产品。事实上，在那段时间前后，它还决定了不向沙特阿拉伯出售豹式（Leopard）坦克。然而，它愿意允许让英国主导这项销售。类似地，法国和德国联合开发的霍特（HOT）和米兰（MILAN）导弹正是在法国的主导下出售给了许多国家。

简言之，各国政府不仅必须把它们资助者、规制者和消费者的角色融合成为一个完整的整体，而且在处理那些不再是国家所有或符合战略方向的企业时也必须这样做。

理解这些关系并把握住它们的含义是目前政治家、工业家、战士与民众的职责。这样一种理解构成了军事、经济和产业政策与战略，因为它们是 21 世纪波涛汹涌环境中的导航。对在该过程中应当提升的价值观和应当寻求的目标，下面提供了一些建议。

参与情况

为什么政府与其本国境内的国防工业基础之间的关系在 21 世纪值得特别关注呢？在美国、英国和德国，各国国防和安全努力已达到了美国负责采办、技术和后勤的前国防部副部长雅克·甘斯勒（Jacques Gansler）所描述的"倾覆点"，这是一个应当引起政策方面的深刻反省、也需要重大变革的情形。[1] 在国家必须将其收入中越来越高的比例用于健康与社会安全、基础设施更新和持续偿还结构性债务的年代，全方位考虑国家安全并匹配相应能力日益成为无法承受的负担。因此，如果传统防务立场能够得以延续，需要尽可能地以有效益和有效率的方式提供国防项目。分析家和政治家也指出，不断增加的非对称威胁和新的冲突方式，例如网络攻击，可能会使国家在面对打击时束手无策。[2] 总之，各个国家面临的财政现实和他们必须面对

---

① Jacques S Gansler, *Democracy's Arsenal*: *Creating a Twenty-First-Century Defence Industry* (Cambridge, MA: MIT Press, 2011), p. 358.

② 例如，参见 Bernard Jenkin and George Grant, "The Tipping Point: British National Strategy and the UK's Future World Role", Henry Jackson Society, July 2011; Alvin Toffler and Heidi Toffler, *War and Anti-War*: *Survival at the Dawn of the 21st Century* (New York, NY: Little Brown, 1993); Pascal Bruckner and Steven Rendall, *The Tyranny of Guilt*: *An Essay on Western Masochism* (Princeton, NJ: Princeton University Press, 2006).

的一系列新安全挑战意味着，必须用不同的方式处理事情，变革的力量是强大的。有效利用本土国防工业似乎是恰当政策回应中合理且重要的组成部分，假设它能够有条不紊地，并以一种可负担的方式实施。① 因此，安全挑战的完美风暴同现代国家所面临的财政问题（以及单独一个部门面对的预算挑战）结合在一起造成了工业部门参与的情况。在这种背景下，如果国民要得到安全与保护，国家应当对适当的国防工业结构有些什么要求呢？

面向 21 世纪的国防工业目标

在未来，政府与工业部门之间的关系必须确保：

- 国防工业要"对不断变化的广泛的"国家安全威胁、风险及问题做出回应；
- 国防工业要具有"高度灵活性"，融合民用和军事技术，对这些技术的使用要成为惯例；
- 随着全生命周期内效率的进一步提升而带来的成本降低，国防能力的"单位成本"应当下降。

现在依次考虑每一个问题。第一，在未来，对广泛范围内的防务与安全威胁、事务、风险和回应要求，将推行政府支持商业化防务企业模式。② 这种支持将包括从传统资本项目产生，例如核动力潜艇，到如水资源安全等问题，以及阻止针对国民经济和社会目标的网络威

143

① 参见 George Friedman, *The Next Hundred Years: A Forecast for the Twenty-First Century*（London: Allison & Busby Ltd, 2009）。
② Burkhard Schmitt（ed.），"Between Cooperation and Competition: The Transatlantic Defence Market", *Chaillot Paper* No. 44, ISS-WEU, 2001.

胁。因此，国防工业和安全基础将继续在应对不断变化且复杂安全环境的过程中改变、扩大和收缩。就复杂性而言，小的变化可能导致结果发生大的改变。因此，工业部门将不得不超越它们在19世纪和20世纪为常规战争进行生产的传统角色，以满足广泛的国家安全需要。政府需要制定规划有效利用国家资源，以最大化专业知识的最大可能组合，实现这些广泛的要求，而这些专业知识现在由私人部门拥有。这件事情既需要对自由市场深思熟虑的集中规划、机制推动和行为规范，也需要对政府本身职能的细化和明晰。①

第二，国防工业结构将不得不高度灵活以适应未来国家安全环境的不确定性和风险。政府的作用是制定政策并通过实践加深并确保这种灵活性。② 竞争者和敌对者，无论是政府还是非政府，将有能力快速获得技术，并通过开发全球技术市场制造新的威胁。蕴含在国防工业基础内的知识必须植根于允许对快速出现的技术威胁做出有效和持续反应的架构之内。这项挑战中的部分内容将包括去除存在于民用、军用领域之间的障碍以实现一体化，而同时也要认识到政府以及公司总是想保护（或限制接触）某些敏感技术。尽管如此，开放的架构和快速的一体化应当成为21世纪国防工业结构的默认模式。③

144　　第三，如果国防和安全能力能够被运用，它们必须是可维持的，这反过来意味着它们也必须是能够负担得起的。④ 效率和可负担性必

---

① 参见 Stephen G Brooks, G John Ikenberry and William C Wohlforth, "Lean Forward: In Defense of American Engagement", *Foreign Affairs* (January/February 2013); Trevor Taylor and John Louth, "What the Government Must Do in Defence Procurement", RUSI Briefing Paper, October 2013。

② 皮埃尔·朝 (Pierre Chao) 在 2005 年 6 月 2 日给美国武装部队工业大学 (US Industrial College of the Armed Forces) 的一次题为 "美国国防工业基础的未来：一个全球化世界对国家安全的影响" 的演讲中提到了这个观点。

③ 参见 Ethan B Kapstein, *The Political Economy of National Security: A Global Perspective* (Columbia, SC: University of South Carolina Press, 1991)。

④ 参见 Malcolm Chalmers, "Mid-Term Blues? Defence and the 2013 Spending Review", RUSI Briefing Paper, 2013。

须从一项需求被确认时起就要确立在项目的解决方案中。就如甘斯勒所建议的：①

　　　　为提供未来潜在安全前景所必需的装备（在本国和世界范围内的）产业结构需要极大地降低装备的单位成本。例如，现在单艘舰船或飞机的成本是无法承受的。为了在未来获得所必需的数量，通过产品和流程设计降低成本必须成为对企业提供未来所有武器系统以及系统的系统在军事方面的要求。

　　这种可负担性的概念也应当关注能力的单位成本，而不仅是关注为开发和交付装备而制定的国家预算。

　　可负担性、灵活性和范围组合在一起定义了21世纪成功的国家国防工业资产基础的价值标准。政府的作用应当是利用它作为国防和安全产业消费者、资助者和规制者的相关影响力，使这种状态最终得以实现。形成这些理想特征可能需要各国变革现有的国防工业结构，但对应对潜在威胁的潜在方式做出必要的改变调整仍是政府的责任。政府作为消费者、资助者和规制者的实践因此必须反映出未来这种关键的国家安全责任。

一种反应灵敏的政府—国防工业关系

　　作为这些目标的一种结果，有效且反应灵敏的政府—国防工业关系应当具备什么特征呢？主要且也许最为关键的因素是政府要清晰地表明它对国防企业的实际要求是什么，要使工业部门易于理解并深刻

---

① Jacques S Gansler, *Democracy's Arsenal：Creating a Twenty-First Century Defence Industry*（Cambridge, MA：MIT Press, 2011）, p.346.

洞察。政府需要知道它希望产生或更新"什么样的能力"；什么样的"合同订立机制"能确保获得来自工业基础的必需要素；"谁"将协调、发起并集成各种要素以形成这些已确认的能力；"怎样"获取系统能够最大化绩效，最小化单位成本及整个项目的总成本，并能在最短时间内交付使用。

145 具备这些特性的一国国防与安全采办系统是成功的政府—国防工业关系的核心。事实上，最近在英国、德国和美国国防采办过程中出现过多改革活动的原因就是在不断寻求这些特征。然而展望未来，如果要形成有效益、有效率和可负担的国防与安全能力，在这个过程中或许必然需要某种程度的稳定性和确定性。这种稳定性可能以实现如下特征为中心。

特征1　网络中心能力

正如这篇白厅报告通篇所阐明的那样，在过去数年中，正是通过政府作为消费者、资助者和规制者的特定模式，政府与国防工业间的关系已成熟了。这使关注武器平台及特殊武器装备，或受限的一揽子服务条款成为历史的必然。21世纪的安全环境意味着现在人们必须从复杂且相互依存的系统、系统的系统或网络中心能力的角度进行思考，同时也要确保在关注低的总成本和单位成本时具备这种能力的"系统观"。这不仅在概念上，而且在程序上都具有挑战性；在现代作战序列中，武器装备组合或"边境"安全平台仅仅变成了更为广泛的一体化国防与安全能力的节点。这就有必要围绕如需求设置、预算和能力规划等转变思路，从对项目甚至从对计划的关注转变到对各种要素组合的关注上。政府和工业部门应该围绕这种必要性改变它们之间的关系，通过一种组合和系统的话语，而不是平台和装备项目的话语来实现转变。它将是重心的深刻改变。

特征 2　监督

政府与涉及国防与安全的商业企业之间的关系复杂，这种关系在某种预设的规则、预期和实践的管理之下。它是一种重要的关系，通过这种关系，国家保护其边界和可施于其他国家领土上的项目能力。这种复杂性和重要性意味着这一关系不应任其自由发展，而应由明确负有职责保护这种关系的实体进行监督。关于这方面的最佳解决方案要由立法机构提供，这正是作者的建议。

当然，在华盛顿、柏林、伦敦和其他地方都存在着由国会议员组成的国防和安全委员会，例如英国有防务特别委员会（Defence Select Committee），美国有参议院和众议院军事委员会（Armed Services Committees）。尽管没有人公开认为它们的职责包括监督和管理政府与蕴含在国防工业基础中的能力之间的关系，或把这看作缺陷。在美国，最近成立的有众议院军事委员会战备小组委员会（Readiness Subcommittee of the House Armed Services Committee）和参议院军事委员会战备和管理保障小组委员会（Readiness and Management Support Subcommittee of the Senate Committee on the Armed Services）。国会通过它们的委员会架构应当不断地行使审计或管理存在于商业部门中的关键防务和安全能力，并定期检测它们的健康和准备情况。① 这种分析应当成为一个常设委员会的任务，因此涉及国防和安全领域的各国政府—工业部门关系的效力将受到持续来自宪法的审查和监督。

146

特征 3　研究和发展

第三章讨论了美国为实现自己国家安全的战略怎样保持了它超越

---

① 同时，追踪政府活动是一项艰巨的任务，政府作为这个体系的一个组成部门，在这样的体系中以这种方式进行监督有利于该体系的健康。

于其政治对手的技术优势。类似地，自 2012 年以来英国的政策也是要保护研究、应用研究和发展的，严格保证每年国防预算的 1.2% 用于科学和技术支出。研究被视为国防与国家安全的一项关键职能，并被认为是政府部门通过大学和全部国防工业基础所采取的一系列活动。然而，这些研究中的大部分是私人行为，以"烟囱式"的模式进行，研究团队经常忽略他们同事的努力。

基础研究应当通过公开获取协议向所有人公布和提供，对政府和商业企业而言接受这一点将是重大进步。纯粹的研究应当在毫无约束或没有保护性警告的条件下转移，只有在它进入发展和特定项目生产周期后才被"货币化"，并被作为知识产权来对待。① 这样一种方法能够使企业和所有公共及私人部门之间的合作研究成为可能，驱动国防和民用部门间多用途方式的发展。

147

特征 4　熟练的采办人员

政府与国防工业之间的关系，无论是通过消费者、资助者还是规制者的视角看，在许多方面都是通过国防采办人员的活动来"实施"的。因此，包含在这项职能中的技术和技能受到大量的讨论和评议，这体现了国家之间在方法上的潜在差异。毋庸置疑，关于这个概念存在着共识，即政府与工业部门之间职能性关系的一个核心特征是要产生并维持熟练且有效率的国防采办人员，而且数量要足够，把他们作为国家安全中政府部门同工业及服务业之间的实际联结。在美国和德国，政策倾向于在公共部门中作为"政府本来的"职能来寻求、发展并完善这些技术。英国正好相反，国防物资主管伯纳德·格雷

---

① 总统里根在 20 世纪 80 年代认识到了这一特征的优势，并签发了《美国国家安全决策指令 189 号》（*US National Security Decision Directive* 189）。该指令宣称，研究应当是公开的，不应当被保护。不幸的是，尽管签发了这份指令，但这一立场从未恰当地实施过。

（Bernard Gray）为 2014 年决定将国防采办外包给私人部门所做的准备就是商业案例。因此，尽管各国在认识到国防采办重要性方面取得了一致，但对如何应对可能存在着巨大分歧，至少英国在某些方面是这样。对大多数发达工业化国家而言，例如像项目和规划管理、商业谈判与订立合同、财政控制与预算、风险与机会管理、后勤与保险等功能全部是政府职能的必要扩展，特别是在涉及国防与国家安全时。在英国，政府建议应当通过事实上的国防采办私有化由私人部门来发展技术，因为存在于私人部门的技术是最好的。①

在政策回应中存在的一个主要分歧，如美国国防部负责采办、技术和后勤的副部长（Under Secretary of Defense for Acquisition, Technology and Logistics）弗兰克·肯德尔（Frank Kendall）所言:②

> 我在英国的同僚伯纳德·格雷已得出结论，他不拥有政府方面的专业知识以允许他管理来自政府内部的项目。他必须要走出去雇用他人来实际为他做那样的事情。
>
> 我不想那样做。我认为政府需要拥有部门内的专业知识以进行商业管理和技术管理……在整个过程中，对结果最为重要的一个决定因素是领导者的素质。

148

同时，处理这个问题的方法不同且明显存在争议，有效的政府—国防工业关系依赖采办过程的有效表现，以及政府成为工业活动及其

---

① 参见 Ministry of Defence, *Better Defence Acquisition: Improving How We Procure and Support Defence Equipment*, Cm 8626（London: The Stationery Office, June 2013）; RUSI Acquisition Focus Group, "The Defence Materiel Strategy and the GOCO Proposal for Abbey Wood", RUSI Briefing Paper, July 2012。

② 美国国防部负责采办、技术和后勤的副部长弗兰克·肯德尔于 2012 年 11 月 14 日在华盛顿特区国际战略研究中心（Center for Strategic and International Studies）的演讲"更优购买力倡议 2.0"。

雄心的聪明消费者、有洞见的资助者和适度监管者的能力。在这方面，它也许定义了一种成功关系的特征。

特征 5　部署于前线的防务承包商

在 21 世纪，国防企业不仅提供国家军力所使用的武器装备和服务，而且也直接为部署于前线的军事能力做出贡献。按照投入成本计算，承包商支持军事行动（contractor support to operations，CSO）构成了部署在如伊拉克和阿富汗军事活动的至少40%。实际上，就英国而言，2010 年花费了 26 亿美元用于雇用来自工业部门的人员为参加行动的军队提供保障。[①] 美国雇用的承包商占到了其部署在伊拉克全部兵力的一半，2010 年美国在阿富汗雇用了 239451 个承包商（包括在当地雇用的阿富汗人）。这占据了部署于战场兵力的 75%。[②] 大部分承包商从事在基地内为部队提供服务（例如餐饮和清洗衣物）、保护后勤运输的工作，有一些承包商提供武器装备保障，并在少数情况下协助操作（监控）设备。

从大多数指标看，企业现在已成为军事部门的一个成熟要素，如果没有它们，许多持续部署的军事行动是毫无可能的，更不要说达成目标了。这种考虑将形成未来政府—国防工业关系的一种特征，而且应当成为后续政策概念中的一部分。作战、缔造和平与维护和平的要素现在被国家外包出去了，这意味着需要适当注意道德考量和治理安排。然而，目前，尽管近期军事行动取得了一些经验，但非常明显的是这在美国、英国、德国以及其他国家政党的议程中并未处于优先

---

① 参见 Henrik Heidenkamp, "Sustaining the UK's Defence Effort: Contractor Support to Operations Market Dynamics", *Whitehall Report* 1 – 12 （April 2012）。

② 参见 Richard Fontaine and John Nagl, "Contracting in Conflicts: The Path to Reform", Center for a New American Security, June 2010; Heidenkamp, "Sustaining the UK's Defence Effort"; Christopher Kinsey, *Private Contractors and the Reconstruction of Iraq* （London: Routledge, 2009）。

地位。

　　当然，人们已认识到在先进的自由民主国家中，政策的发展——
或更恰当地说，政策的支持——是努力管理国家政党的保留地。核心
要点是，当制定这些政策时，政治家必须考虑与防务企业合作时的基
本价值和特征，无论他们作为消费者、资助者还是规制者。这项任务
的失败可能会使各国及其国民暴露于这个不确定世纪的威胁、风险和
危险之下。

结　论

　　在消费、资助和规制作用的推动下，从目前政府—国防工业关系
实践转变为面向 21 世纪安全挑战的反应灵活的关系并非没有挑战。
然而，认识到需要改变的方向，知道今天恰好所处的位置是预示着所
有成功转型的两个关键方面。[①] 为此，我们要回到引言结尾处提出的
问题：

- 涉及"消费"、资助和规制三方面的国家政策是一致的，还是
可以被看作是相互矛盾的？
- 政府的限制是否严重妨碍了防务企业有效益和有效率运营的
能力？
- 政府对国防工业的立场是促进还是阻碍了防务协作与合作
项目？
- 政府对国防工业的立场是否鼓励它投资于一些国家，而不是
另外一些国家？
- 可以看出政府对国防工业的立场在朝向哪些方向改变吗？

---

①　对转型发展和变革管理实践的讨论，参见 John P Kotter, "Leading Change: Why Transformation
Efforts Fail", *Harvard Business Review on Change* (January 2007)。

● 政府迫切希望控制（并/或资助）位于其领土范围内的防务公司向海外投资吗？

● 政府政策和行为认识到在国防工业部门跨国投资带来的影响和问题了吗？

以非常特殊的英国、美国、德国的视角，以上分析认为，通过在消费者、资助者和规制者大旗之下的多重角色，政府与国防企业联结在了一起。显然，尽管并不存在一种一致的方式可以实现这一点。例如，没有政府政策或政党宣言看上去是源自这三种角色或其他类似情况。其结果是，而且或许不可避免的是出现了不一致和矛盾。

在英国，公开竞争是一种受到青睐的订立合同的机制，政府想要通过这样一种程序成为国防工业的消费者。然而，它也资助次级工业部门，例如潜艇设计、制造和维修，以及本国小型军火生产等，甚至到了排他的程度。尽管偏好竞争，但以价值计算大约 40% 的英国国防采办，以及以数量计算大约 65% 的合同涉及非竞争采办。①

在德国，尽管公众对促进政府公开管制防务和安全能力的呼声强烈，但人们见到的仍是传统的市场模式。在 2012 年拟进行的英国宇航系统公司同欧洲宇航防务集团（EADS）的合并显然让德国政府大吃一惊，尽管据推测德国实施着深刻的管制制度。发达国家的政党如果没有公开且清楚地认识到政府承担着，且一直在发挥着这三种关键作用，那么政府成为消息灵通且知识渊博的消费者，一个从工业部门寻求应对方法以抵御 21 世纪中无形威胁的资助者，或富有经验的致命能力的规制者的努力就不可避免地会被打上缺乏一致性的印记。在

---

① DASA, "UK Defence Statistics Compendium", 2012, http://www.dasa.mod.uk/publications/UK-defence-statistics-compendium/2012/chapter-1-finance/chapter-1-finance.pdf, 2013 年 10 月 8 日访问。

三种角色之间存在着某种趋同，得出这样的结论可能更令人吃惊。对这一点，作者猜测可能需要很多年才能实现。

这并不是说政府阻碍着国防企业的活动和雄心。就海外投资而言，看上去这主要是由公司决策的事情，而不是由他们本国政府提供指引：政府最为担忧的是位于其本土内的国防企业被出售的情况。然而，很明显的是，尤其是在海湾（Gulf）国家中，英国政府和英国国防公司密切合作，在这个地区树立起英国更重要的角色，促进了英国的防务销售，而且认真对待发展海湾国家本国国防企业的想法。

在企业方面，没有迹象显示企业家期望在一个没有任何政府限制或参与的完美市场上运行。相反，在这个市场上运作的企业认识到围绕它的独特政府架构是企业运作的必要市场条件。官僚政治很少被认为具有积极作用，而且减少"繁文缛节"是人们一直以来的要求，但企业家们欢迎政府通过已确认的三种角色参与到这个市场中来。如果发生什么事情的话，通过详细制定和确认市场形态，这样的政府参与减少了商业及其投资者的风险。正如一位资深企业家所评论的那样：①

> 政府购买我们的产品，启动了我们的订单管道，资助业务技能的更新，并且支持我们的销售以实现出口。政府是促成这个市场的条件，并非限制它运转的因素……没有政府的指导和协调，就没有如 F-35 项目这样的大型合作或国际项目，没有政府对纯粹研究的资助就几乎不会有创新。

因此，政府没有妨碍创新或合作；相反，在复杂的国防生态系统中它是重要元素，而且似乎是带来并形成企业之间与国家之间合作的因素。

---

① 2013 年 3 月 13 日，作者在伦敦对这位资深防务企业家的采访。

与之相对，围绕国防企业内部投资的争论则更细致入微。投资者期望企业能为其投资带来回报，关注的重点不可避免地放在了销售和营业额、利润和资本增长之上。积极资助并购买防务能力的国家会合理地预期防务企业将他们的投资以美元、英镑和欧元的形式投入到其本国工业部门中。研究活动和生产过程往往是聚合在一起的，使本地和本国人民能享受到特定的经济利益。其结果是，促进和保护防务领域内的工作机会变成了政府和国防工业关系的内容，是在媒体上大量出现的故事。然而，通过其市场营销和销售功能，国防工业还在他们认为对其未来成长很重要的国家进行了投资。一家防务公司的销售和机遇既要利用现有的同各国政府之间的关系，也要利用那些未来可能出现的关系，这不可避免地需要东道国外交活动的支持。然而，新的订单、未来合作项目及出口的好处当然会为企业注册所在的国家带来税收收入，这使海外投资可能会有益于多个国家。政府不能控制这些投资，但能够且支持它们不仅去影响受益国的行为，而且影响国内相关的经济利益。这既是经济议题，也需要外交或能力方面的讨论。

152　　本篇白厅报告自始至终一直在强调国防工业和服务能力是国防和国家安全的核心。政府与企业之间复杂且具争议的关系表明了这一点。由于现存的能力一直存在于工业基础之中，而且像无人驾驶的空中、陆地、海洋和潜艇系统等新能力都由工业部门提供（更不用说网络攻击和防护能力了），私人部门将不只成为发达国家大部分军备的存储仓库，还将成为众多军事力量要素运转的合作伙伴。这意味着政府与这种关键国防能力组成部分之间的关系需要人们更好地去理解，并要极大地提高政策制定中的洞察力。私人武装军队的时代还尚未开始，但现在存在的一种新现象是私人部门保护着许多防务能力的构成要素。本白厅报告认为，政府及其人民至今仍未意识到眼前这种变化所产生的责任，更不要说做出一致的应对了。

缩略语和简称

AEW	Airborne Early Warning	机载预警
AIN	Ausrsütung, Informationstechnik und Nutzung (Equipment, Informational Technology and In-Service Support)	装备、信息技术与在役保障局
AWACS	Airborne Warning and Control System	机载预警和控制系统
AWG	Außenwirtschaftsgesetz (Foreign Trade Act)	对外贸易法案
BAAINBw	Bundesamt für Ausrüstung, Informationstechnik und Nutzung der Bundeswehr	德国联邦国防军装备、信息技术与后勤服务办公室
BAFA	Bundesamt für Wirtschaft und Ausfuhrkontrolle (Federal Office of Economics and Export Control)	联邦经济和出口控制办公室
BBP	Better Buying Power Initiative	更优购买力倡议
BDSV	Bundesverband der Deutschen Sicherheits-und Verteidigungsindustrie (Federation of German Security and Defence Industries)	德国安全和防务产业联盟
BIS	Department for Business, Innovation and Skills	商业、创新和技能部
BMVg	Bundesministerium der Verteidigung (Federal Ministry of Defence)	德国联邦国防部
BMWi	Bundesministeriums für Wirtschaft und Technologie (Federal Ministry of Economics and Technology)	德国联邦经济技术部
BSR	Bundessicherheitsrat (Federal Security Council)	德国联邦安全委员会
CDE	Centre for Defence Enterprise	英国防务企业中心

CIFIUS	Committee on Foreign Investment in the US	美国外国投资委员会
CONDO	Contractor on Deployed Operations	已部署军事行动的承包商
CONLOG	Contractor Logistics	后勤承包商
COTS	Commercial off-the-shelf	商用现货产品
CPM	Customer Product Management System	客户产品管理系统
CRS	Congressional Research Service	美国国会研究服务处
CSCE	Conference on Security and Co-operation in Europe	欧洲安全与合作会议
CSO	Contractor Support to Operations	承包商保障军事行动
DAR	Defense Acquisition Regulation	国防采办条例
DARPA	Defense Advanced Research Projects Agency	国防高级研究计划局
DASA	Defence Analytical Services Agency	英国国防分析服务处
DBS NSV	Defence Business Services National Security Vetting	国防商业事务国家安全审查局
DE&S	Defence Equipment and Support	国防装备和保障
DEFCON	Defence Condition	防卫态势
DESO	Defence Export Services Organisation	国防装备出口服务局
DIS	Defence Industrial Strategy	国防工业战略
DoD	Department of Defense	国防部
DRS	Diagnostic-Retrieval Systems, Inc	DRS 技术公司
DSG	Defence Support Group	防务保障集团
DSO	Defence and Security Organisation	国防与安全组织
DSTL	Defence Science and Technology Laboratory	国防科学和技术实验室
DTS	Defence Technology Strategy	国防技术战略
EADS	European Aeronautic Defence and Space Company	欧洲宇航防务集团
EAR	Export Administration Regulations	出口管理条例
ECO	Export Control Organisation	出口管制组织
EU	European Union	欧盟
FAR	Federal Acquisition Regulation	联邦采购条例

vi

FEMA	Federal Emergency Management Agency	美国联邦应急管理署
FFF	Fähigkeitslücke und Funktionale Forderung (Capability Gap and Functional Requirement)	能力差距与功能需求
GAO	Government Accountability Office	美国政府审计总署
g. e. b. b.	Gesellschaft für Entwicklung, Beschaffung und Betrieb (Company for Development, Procurement and Operation)	开发、采购和行动公司
GOCO	Government Owned, Contractor Operated	政府所有、承包商经营
GPS	Global Positioning System	全球卫星定位系统
HDW	Howaldtswerke-Deutsche Werft	德意志造船厂
HIL	Heeresinstandsetzungs Logistik	德国政府与陆军后勤股份有限公司
IED	Improvised Explosive Device	简易爆炸装置
IGS E	Industriegruppe Service im Einsatz	产业集团使用中
IPTs	Integrated Project Teams	集成项目团队
ISAF	International Security Assistance Force	国际安全援助部队
ITAR	International Traffic in Arms Regulation	国际武器贸易条例
IUB	Infrastructure, Environmental Protection and Services Directorate	基础设施、环境保护和服务局
JSF	Joint Strike Fighter	联合攻击战斗机
KBR	Kellogg, Brown and Root	凯洛格·布朗·路特（KBR）公司
KdB	Konzeption der Bundeswehr (Conception of the Bundeswehr)	德国联邦国防军概念
KMW	Krauss-Maffei Wegmann	克劳斯·玛菲·威格曼公司
KWKG	Kriegswaffenkontrollgesetz (War Weapons Control Act)	战争武器控制法案
LHBw	LH Bundeswehr Bekleidungsgesellschaft	联邦国防军衣物供应公司
LOGCAP	Logistics Civil Augmentation Program	民力增援后勤计划
MBT	Main Battle Tank	主战坦克

MoD	Ministry of Defence	英国国防部
NAO	National Audit Office	国家审计署
NATO	North Atlantic Treaty Organization	北大西洋公约组织
OCS	Operational Contract Support	军事行动合同保障
OECD	Organisation for Economic Co-operation and Development	经济合作与发展组织
OEM	Original Equipment Manufacturer	原始设备制造商
OGEL	Open General Export Licence	公开一般出口许可
OIEL	Open Individual Export Licence	公开个人出口许可
OSCE	Organization for Security and Co-operation in Europe	欧洲安全与合作组织
PFI	Private Finance Initiative	私人主动融资
PJHQ	Permanent Joint Headquarters	常备联合司令部
PMSC	Private Military and Security Company	私人军事与安保公司
PPP	Public-private Partnership	公—私部门伙伴关系
QDR	Quadrennial Defense Review	四年防务评估报告
R&D	Research and Development	研究与发展
SBIR	Small Business Innovation Research Programme	小企业创新研究计划
SDSR	Strategic Defence and Security Review	战略防务与安全评估
SITCL	Single Individual Trade Control Licence	单一个体贸易管制许可
SIEL	Standard Individual Export Licence	标准个人出口许可
SIPRI	Stockholm International Peace Research Institute	斯德哥尔摩国际和平研究所
SME	Small and Medium Enterprise	中小企业
SPD	Social Democratic Party (Germany)	德国社会民主党
SPOT	Synchronized Predeployment and Operational Tracker	同步预部署和行动跟踪器
SSA	Special Security Arrangement	特殊安全协议

TEPIDOIL	Training, Equipment, Personnel, Infrastructure, Doctrine and Concepts, Organisation, Information and Logistics	训练、装备、人员、基础设施、理念和概念、组织、信息和后勤
TIV	Trend Indicator Values	趋势指标值
TK	Teilkonzeption (Special Conception of the Bundeswehr)	(德国国防军的特殊概念)
TOBA	Terms of Business Agreement	商业协议条款
UAE	United Arab Emirates	阿拉伯联合酋长国
UAV	Unmanned Aerial Vehicle	无人驾驶飞行器
UCAV	Unmanned Combat Air Vehicle	无人驾驶战斗机
UK	United Kingdom	英国
UNSC	United Nations Security Council	联合国安理会
UOR	Urgent Operational Requirement	紧急作战需求
US	United States of America	美国
VS	Verschlusssachen	机密信息
ZV	Target Agreement (Bundeswehr)	采购员个人目标协议(德国联邦国防军)

译后记

  国防工业中的政府角色是理解国防工业和防务市场特点的核心要素之一。在刚刚过去的 2016 年，中国经济学界中最为瞩目的事件恐怕便是围绕产业政策进行的激烈争论了，争论的焦点恰在于在产业发展中，政府该扮演怎样的角色，还要不要产业政策。而这在国防工业中更为突出。

  产业政策是否有用、如何有用的问题，本质上是政府与市场关系的问题。诚然，政府与市场的关系是经济学中一个久远的历史命题，但对当下中国经济发展转型和改革而言，却是一个关乎未来的现实命题。诸如政府与市场的边界究竟如何划定，特别是关于政府的作用是什么，学术界仍存在很大分歧。如果在国防工业的语境下探讨这个问题，则更为复杂。这不仅因为政府在国防工业中扮演不可替代的多重角色，还因为政府对国防工业的直接或间接干预都有国家安全的考量，而非单纯从经济效率、效益的角度考量。传统研究中，由于国防被普遍认为具有"纯公共品"性，因而国防工业一直被视为需要政府干预的"当然"领域，无论是在政府与市场边界的讨论中，还是在产业政策是否必要的争论中，都鲜有对国防工业中政府角色的深层次讨论。国防只能由政府提供，并不意味着国防工业领域不需要强调市场机制的作用。相反，在国防工业中充分发挥市场机制在配置资源、增强竞争、激励创新方面的作用，是各国提升国防工业生存能力和运作效率，促进国防工业健康、持续发展的有效方式。

如果说国防工业仍然需要市场机制，那么国防工业中政府边界该在哪里？这或许是一个无法准确回答，也不可能具有统一答案的问题，但又是一个无法回避的问题。显然理解这个问题首先要从深入理解政府与国防工业部门之间的关系开始，明确政府与国防工业关系的主要构成是什么，这些关系形成的原因是什么，政府在效率与安全之间的权衡如何影响国防工业政策，这些政策对于国防工业自身的效率和健康发展又产生了哪些影响，这样才能更清晰地认识到使国防工业有效健康运转的政策和制度应具备哪些特点，以此深入推进对国防工业"有限政府"边界和"有为政府"特征等的进一步讨论。

基于上述考虑，我们把《政府在国防工业中的三重角色：消费者、资助者与规制者》这本著作译介给国内。本书作者里克·海德坎普博士、约翰·劳斯博士和特雷弗·泰勒教授多年来一直对国防工业与政府关系进行较为全面的跟踪研究，著作从政府作为国防工业消费者、资助者和规制者这三个维度，分别介绍了美国、英国和德国政府对待国防工业部门的态度、政策和行为。从中，我们可以发现一些符合"有限有为政府"特征，因此是值得借鉴的做法，但同时我们也会看到更多需要改进，甚至对政府功能形成挑战的方面。

政府作为消费者、资助者和规制者的三种角色是一个有机整体，不同方面相互矛盾的做法，体现出政府在国防工业部门效率和国家安全之间的艰难平衡。总体而言，当政府聚焦于消费者这一防务市场需求方的角色时，更加强调市场机制的作用，采用竞争性采办、增加需求规划透明度等政策和做法，提升国防工业的效率与效益。当基于防务市场特征，政府承担资助者角色时，它变成防务企业和国防工业的双刃剑：研发资助、有倾向的采办、支持防务出口等政策，这些既有助于国防工业的生存、成功和增强国际竞争力，但同时也会造成防务市场的进入壁垒。因此，需要更加灵活、有机的市场和治理安排。当主要出于安全考量，政府对国防工业在信息、出口、企业合并和收购、防务部门人员职业转化等方面进行规制时，这些管制政策则大大妨碍了国防工业的有效运行，阻碍了人力资本流动并可能影响到企业寻求出口市场的机会。规制者角色体现了政府对国防工业的直接、强势干预。

国防工业作为国家的战略性产业部门，提供着国家安全与防务的物质基础，它与政府、军方之间存在着相互加强、相互依赖的关系。进入 21 世纪以来，国际安全环境和地缘政治体系日益复杂和严峻，新的安全需求要求国防工业具有高度灵活性，能对安全威胁和风险做出快速回应。同时，国防工业的运行效率要进一步提升，降低国防能力的"单位成本"，增强政府对于防务的可负担能力，这些都有赖于灵活有效的政府—国防工业关系。随着我国改革的深入进行和军民融合等一系列国家战略的实施，中国国防工业也正处在深入的变革当中，如何借鉴国际经验和经济学基本理论、方法，更好地理解、处理好国防工业中政府的角色，也是亟待解决的现实问题，这也是我们将本书引入国内的主要考虑之一。

本书翻译工作由中央财经大学国防经济与管理研究院郝朝艳、陈波博士主持进行，来自中央财经大学国防经济与管理研究院、中国社会经济系统分析研究会国家安全战略与国防经济研究专业委员会的九位中青年学者为全书翻译付出了辛勤劳动，出版工作亦受到中国财政发展协同中心 2014 年重大协同创新任务"应对重大国家安全挑战背景下国防经费与国防经济系列理论与现实问题研究"项目支持，我们谨对上述人员和单位表示诚挚的感谢！

郝朝艳

2017 年 3 月

图书在版编目（CIP）数据

政府在国防工业中的三重角色：消费者、资助者与
规制者／（英）亨里克·海德坎普（Henrik Heidenkamp），
（英）约翰·劳斯（John Louth），（英）特雷弗·泰勒
（Trevor Taylor）著；郝朝艳，陈波译. -- 北京：社
会科学文献出版社，2017.10
（战略与经济研究书系）
书名原文：THE DEFENCE INDUSTRIAL TRIPTYCH
government as Customer，Sponsor and Regulator
ISBN 978 - 7 - 5201 - 0604 - 7

Ⅰ.①政… Ⅱ.①亨… ②约… ③特… ④郝… ⑤陈
… Ⅲ.①政府投资 - 关系 - 国防工业 - 研究 - 英国、美国
、德国 Ⅳ.①F456.164②F471.264③F451.664

中国版本图书馆 CIP 数据核字（2017）第 070838 号

战略与经济研究书系·安全经济
政府在国防工业中的三重角色：消费者、资助者与规制者

著　者／〔英〕亨里克·海德坎普（Henrik Heidenkamp）
　　　　〔英〕约翰·劳斯（John Louth）　　〔英〕特雷弗·泰勒（Trevor Taylor）
主　译／郝朝艳　陈　波　　审　校／石金武　余冬平

出 版 人／谢寿光
项目统筹／祝得彬
责任编辑／赵怀英

出　　版／社会科学文献出版社·当代世界出版分社（010）59367004
　　　　　地址：北京市北三环中路甲 29 号院华龙大厦　邮编：100029
　　　　　网址：www.ssap.com.cn
发　　行／市场营销中心（010）59367081　59367018
印　　装／三河市尚艺印装有限公司

规　　格／开　本：787mm × 1092mm　1/16
　　　　　印　张：12.5　字　数：160 千字
版　　次／2017 年 10 月第 1 版　2017 年 10 月第 1 次印刷
书　　号／ISBN 978 - 7 - 5201 - 0604 - 7
著作权合同
登 记 号／图字 01 - 2016 - 5310 号
定　　价／59.00 元